人生的底气

[2]

樊登 著

图书在版编目（CIP）数据

人生的底气 . 2 / 樊登著 . -- 北京：中信出版社，
2023.3
ISBN 978-7-5217-5109-3

Ⅰ.①人… Ⅱ.①樊… Ⅲ.①孟轲（前 390- 前 305 年）－人生哲学－通俗读物 Ⅳ.① B222.5-49

中国版本图书馆 CIP 数据核字 (2022) 第 250952 号

人生的底气 2
著者： 樊登
出版发行：中信出版集团股份有限公司
（北京市朝阳区东三环北路 27 号嘉铭中心 邮编 100020）
承印者： 北京诚信伟业印刷有限公司

开本：880mm×1230mm 1/32 印张：8.5 字数：160 千字
版次：2023 年 3 月第 1 版 印次：2023 年 3 月第 1 次印刷
书号：ISBN 978-7-5217-5109-3
定价：59.00 元

版权所有·侵权必究
如有印刷、装订问题，本公司负责调换。
服务热线：400-600-8099
投稿邮箱：author@citicpub.com

目录

自序　你就是你最大的底气　　　　　　　IX

第一章
人生有岸，格局无涯

把控局势，才能把握机会　　　　　003
做事勿以"利"为根本　　　　　　　007
你的认知决定你的能力　　　　　　012
居安思危，才能防患于未然　　　　017
找准定位，做自己最擅长的事　　　022
格局有多大，成就就有多大　　　　027

第二章

要成事，先修身

做好自我管理很重要	035
拥有至诚之心，人生才会越来越顺	040
成事者要有足够的耐心	044
通权达变的智慧	048
时刻铭记"谦受益、满招损"	053
常思己过，善修己身	058
让自己保持探索之心	062
通过不断学习提升自身能力	066

∴ 第三章

做人有道，做事有术

"菩萨心肠"和"金刚手段" 073

做事要以德服人 078

有善心，也要讲方法 083

方法不对，终会劳而无功 087

有过错就要及时改 091

学会从更高维度解决问题 095

学会"抓大"，善于"放小" 100

∴ 第四章

与人结交，用人所长

能被人赏识是一种幸福　　　　107

知人善用，才更易成功　　　　112

用人应德行为先，能力为后　　　116

想让人自律，先给他自尊　　　　120

善于用人所长　　　　　　　　　124

珍惜愿意指出你错误的人　　　　128

让专业人去干专业事　　　　　　133

第五章
激发和释放他人的善意

"人和"是成功的最高要素	141
团队精神是无敌的	146
领导是团队风气的缔造者	150
"好善言",才能赢得人心	154
以善服人和以善养人	158
远离责任病毒	162
推己及人,善待他人	167
用使命感凝聚人心	171
激发人性中的善意	175

第六章

突破自我，跳出舒适圈

多与比自己强的人打交道	183
彼此尊重，才能共同成长	188
员工的干劲都是领导给的	193
遇到问题多从自己身上找原因	198
放下自己的"偶像包袱"	203
低水平的勤奋是在骗自己	207
不要停止思考	211
合作是为了更好地竞争	216

第七章

拒绝低效努力

做决策需要睿智，更需要勇气	223
以邻为壑换不来独善其身	229
责任心是最大的动力	233
每个人都要清楚自己的职责	237
不依靠关系解决问题	241
创新往往发生在"边缘地带"	245
优先处理重要而不紧急的事	251
不要去对抗人性	255

自序

你就是你最大的底气

孟子为什么有底气？

春秋的时候人们还比较讲礼，连打仗都不怎么下死手，所以孔夫子可以"温良恭俭让"以得之。三家分晋是从春秋到战国的分水岭，曾经的霸主晋国被它的二级封建贵族分为韩赵魏三家。魏国率先开始任用法家人物进行改革，人们开始变得残暴、嗜杀、没有耐心。儒家的那一套"你若盛开，蝴蝶自来"的仁政思想太慢，太理想主义，也太危险，魏国、秦国的战车已经开动，你才开始搞井田制、什一税，未免太迂腐了些。所以，孟子面临的职场环境是很差的，就好像你在人人都做互联网高科技的时代劝大家慢一点、不着急一样。

然而孟子并不怕，甚至还有点嚣张。在《孟子》开篇，他见到的人就是最爱打仗的魏惠王，因为魏国的国都在大梁，所以人们叫他梁惠王。梁惠王也不客气，说："老头，你不远千里而来，一定是给我们国家带来好处的吧？"梁惠王习惯了法家和纵横家的套路，认为孟子带来的一定是各种表格战略和战争建议。就像今天的一家大企业见到咨询公司，首先就问："如何提高我们的利润率？怎么获得更大的市场占有率？"孟子说："王何必曰利？""动不动就说利润，你俗不俗？我来跟你谈谈企业的价值观吧！"孟子的大义凛然震慑住了梁惠王、齐宣王、滕文公这些大大小小的君主。虽然后来未必按照孟子的咨询方案办，但至少，咨询费都结了。

目光短浅的人会说孟子不切实际。他说天下将"定于一"，这个"一"是一个不嗜杀的王者。但结果天下被最嗜杀的秦国统一了，打脸啊！但如果孟子还在，他会告诉你残暴的强秦只是历史上的一朵小浪花，因为法家的统治思想才是理想主义。他们把老百姓都当作傻子、懦夫、奴才。儒家把人当人。所以老百姓不会像墨子要求的那样无私，也不会像杨朱说的那样自私，更不会像法家设想的那样懦弱。老百姓需要土地、粮食、衣帛和蛋白质，需要王者之师的保护，需要君子、大人的教诲。后来的人理解了孟子，他所说的比孔子更加清晰具体和坚定。所以最终中国走向了"儒法国家"的稳定结构，儒家的理想和法家的手段相结合，也算是某种程度上的中庸吧。

所以孟子的底气首先来自他的自洽。他认同孔子的理念，并想通了自己的使命。"岂好辩哉？予不得已也。"当他认识到自己的使命、愿景、价值观以后，剩下的就是心无旁骛地做事了。他拿着自己的商业计划书四处游说，参加各种学术和商业活动，与墨家、杨朱、纵横家、法家展开辩论，扩大儒家的社会影响力；他培养学生发展队伍，与贵族和王侯们交朋友，寻找让儒家思想落地的机会；他说寓言、讲故事，结合案例展开讨论，把儒家的思想成体系地融入生活的方方面面。他做了自己能做的一切。所以在一贯论资排辈的中国传统文化中，孟子能够超越颜回、曾参成为亚圣，实在是实至名归。可以说没有孟子的大义凛然和中流砥柱的作用，儒家很可能沦为诸子百家中的普通一员。

孟子的另一个重要的底气来源是他对于人性的坚信。这个世界到底是好人多还是坏人多？人性本来是善良的还是邪恶的？这些问题可能难以有确切的答案，但是你可以选择自己相信什么。荀子选择相信"人性恶，其善者伪也"，这个选择冷静而智慧，但缺乏光辉和力量。孟子相信"人性本善"，这个选择可能让他伤痕累累，但是大而有光辉！当你选择像荀子一样冷眼旁观，也许会少受一些欺骗和背叛，但你的内在力量也在不断损耗。为了一群骨子里就坏的众生，我们拼搏个什么劲？而当你选择像孟子一样傻傻地对人性充满期待，你的每一次努力都突然有了价值。即便是做错了事的坏人，在你眼中也成了迷途的羔羊。这种前提才能够带来源源不断的爱和力量。所以孟子说他善养浩然之气，并非每天呼吸吐纳练气功，而是"集义而成"。

最后，孟子还有一股底气来自对自己负责。他虽然每天奔走呼号地想要改变这个世界，但他唯一要有所交代的只是自己。"有不虞之誉，有求全之毁"，孟子对于来自社会的评价早已洞若观火。你只需要做好自己，不断地反省和改变。如果你自忖没有问题了，那些依然向你不断吠叫的就是禽兽了，跟一群禽兽你较什么劲？如果你觉得你所做的事是道义所在，那么，虽千万人吾往矣！

读《孟子》和读《论语》的感受完全不同。孔子让你赞叹，一个人说话做事竟然能如此合适！孟子则给你力量，一个人可以不怕敌人、不怕强权、不怕失败，甚至不怕犯错！

今天的职场当中最热门的话题能反映出大家最大的困惑。比如：躺平还是内卷的问题，追求理想还是向现实妥协的问题，该创业还是守住这份工作的问题，等等。其实我们总是处在患得患失之间，孟子并不能替我们做出决定，但是读《孟子》可以培养我们的浩然之气，让我们的人生境界上升一个层次。很多问题在原来的层次是无解的，但当你的人生产生了位移，从更高的高度上看，那些问题就不再是个问题。比如年轻人常问：为什么我努力读了书，但生活没有变好？孟子就讲了"杯水车薪"的故事。他说水能救火这是大家都知道的，但你用一杯水想去救一车正在燃烧的柴草肯定是不行的。我们的努力和精进有时候就是要等待击穿阈值的那一刻。孟子就是这么善于讲道理，他的书能够成为经典，就是因为一代又一代的中国读书人曾经被他点醒，被他提升。

这本书来自《樊登讲〈孟子〉》的课程，我对《孟子》进行了逐字逐句的精讲，但因为体量太大，恐怕大家读起来太花时间，于是从《孟子》中选择与我们的日常最切近的内容，结合现代生活的实际呈现给大家。希望读者朋友能获得孟子的力量、勇气和智慧。

第一章

人生有岸，格局无涯

> 体有贵贱,有小大。无以小害大,无以贱害贵。养其小者为小人,养其大者为大人。
>
> ——《孟子·告子上》

把控局势,才能把握机会

不知道你对围棋是否有所涉猎?韩国有一位著名棋手李昌镐,人称石佛,大家又称他少年姜太公。李昌镐下棋最大的特点,就是全盘看似稀松平常,很少见他有"神之一手"般的点睛之笔,但就是那波澜不惊的一手手行棋,让他的对手越来越无所适从,越来越四面楚歌。接下来,李昌镐会以他冠绝天下的收官能力,取得比赛的最终胜利。

李昌镐的棋,重在把控局势。很多优秀的棋手都是如此,很少会去计较个别棋子的微小得失。他们始终在整张棋盘之上布局,甚至会为了大局主动牺牲自己的一些棋子,从而掌控全局主动。这种真正掌控全局的能力就是"大局观"。

人生如棋，棋如人生。我们平时做事也是如此。就拿经营人生来说，我们每个人都像是自己人生中的一颗棋子，每一次落子都决定着这盘棋局的走向。如果我们的视野不够开阔，在任何事情上都喜欢斤斤计较，那必将会困于一隅，找不到更好的出路。

《孟子·告子上》中有这样一句话："体有贵贱，有小大。无以小害大，无以贱害贵。养其小者为小人，养其大者为大人。"意思是说，身体四肢有重要的，也有次要的，有小的，也有大的，不要因为小的而损害大的，不要因为次要的而损害重要的。比如说，你不能为了保护脚后跟的皮肤，而导致自己患上心脏病；脚后跟的皮肤没那么重要，心脏病却是会要人命的，这是丢卒保帅。所以孟子说，一个人只关注自己身体的细枝末节，那是小人物；只有关注到自己内心宏大的部分，才叫大人物。

这句话看似是在说，只要学会健康地保养自己的身体，那么这个人就可以成为君子、成为大人物，但其中真正想表达的含义并非如此简单。这句话真正想说的是，一个人如果想成为大人物、成为君子，是一定要有广阔的大局观的。

这让我想起了一个以前特别喜欢的产品品牌——柯

达。说起柯达公司，很多人都不陌生，甚至早些年大家出去拍照片，选择的都是柯达胶卷。1975年，柯达公司制造出了世界上第一台数码相机，这项发明使得柯达公司掌握了再次改变影像行业认知的巨大商业机会。但是企业的高层却认为，这项技术在短时间内没办法赚取令公司满意的利润，还会让已经遍布全球的胶卷产业受到剧烈冲击，他们不想放弃已经深耕多年、拥有高利润的胶卷业务。所以，为了不让公司当时的主要盈利项目受到影响，这些高层最终决定放弃继续研究和生产数码相机的计划。

柯达公司的这个决定让它的竞争对手抓住了机会，索尼、富士等公司开始大力投资研发数码技术，并以数码相机业务迅速占领了市场。当柯达发现问题的严重性、想要追赶时，却发现对方的技术能力已经让自己望尘莫及了，最后只能遗憾地退出数码相机市场，再也难以翻身了。

你看，柯达公司原本在影像行业中掌握着主动，就因为管理高层目光短浅，没有很好地把握机会，最终将本该属于自己的巨大商机拱手让人，失去了对局势的把控，也失去了对未来市场的话语权，最终导致公司的衰败与没落。

在培养大局观上，从历史的角度出发进行阅读和学习，是一种非常行之有效的方法。要知道，历史，是真正的未来学。

我们常说，读史可以明智，知古方能鉴今。阅读每一个王朝的历史，感受它们的兴盛与衰败，可以让我们知道每一个王朝在不同时期所做的选择，以及这些选择是如何影响王朝的发展的。这些知识可以开阔大家的视野，让我们能够站在更高的位置上去了解和看待各种事情。

而学习历史上古人的一些做法，就是要把站在全局把控局势进行抉择的能力具体到个人。每一位能在历史长河中留下足迹的人都绝非泛泛之辈，他们依靠的不仅是运气与机遇，更多的是他们的智慧，以及在全局把控上的能力。我们要做的，就是在阅读这些人的事迹时将自身代入其中，思考一下为何他会在当时的情况下做出那样的选择，换作是我又会如何去做，从而感受这些历史名人给我们带来的战略视野。当我们能够将这些书中的知识进行消化与吸收，并尝试着融入自己的工作和生活中时，就有可能成为一位真正优秀的人。

> 为人臣者怀仁义以事其君,为人子者怀仁义以事其父,为人弟者怀仁义以事其兄;是君臣、父子、兄弟去利,怀仁义以相接也。
>
> ——《孟子·告子下》

做事勿以"利"为根本

假如我问你:"你创业、经商,或者在职场上工作,最根本的目的是什么?"

我相信很多人的回答都是:"为了获利,为了赚钱。"

创业、经商、工作,为了赚钱无可厚非,但如果你把获利、赚钱当成是做这一切的根本,只看到自己从中获得的利益,而忽略其中更重要、更有价值的部分,那你的这份事业一定难以长久。

冯仑先生说过,人在经商时,心离钱越近,手就离钱越远。一个商人如果一门心思地想挣快钱,想把一切赶紧变现,想获得更多的利益，往往很难赚到钱。相反，如果一个人经商或创业的目的是解决社会上的某一个问题，是为了实现自己的理想，或者是想从中获得乐趣、体现价值，他反而可以在不知不觉中获利。

我在工作中会与很多人打交道、谈合作，有的人真的是一上来就谈利益：你跟我们合作很简单，我们会给你提供什么样的平台，能让你获得什么样的好处，但你要为我们创造什么样的价值，否则就怎样怎样……每次听到这样的话，我心里就很不舒服。这就特别像孟子所说的"言必曰利"。

孟子一直提倡仁义，反对利益为先。在《孟子·告子下》中记载了这样一件事：孟子遇到了一个叫宋牼的名士，就问宋牼要去哪里。宋牼告诉孟子，楚国和秦国要开战了，自己打算去谒见楚王，说服楚王罢兵。如果楚王不听，他再去说服秦王，总有一个能说通的。孟子又问，那你打算用什么方法说服他们呢？宋牼说，自己就告诉他们出兵对战的坏处，比如打仗会付出巨大的成本。

这时，孟子说："先生之志则大矣，先生之号则不可。"意思是说，先生的志向很大，但你所用的方法却不对。因为以"利"去说服楚王和秦王，他们一算账，觉得划算，可能真会罢兵；士兵们因为"利"，也不愿意打仗，这样既能活命，还能劳作赚钱，国家还会给补贴，多好！算了，不打了！但这样一来，就会出现一个危险的结果："为人臣者怀利以事其君，为人子者怀利以事其父，为人弟者怀利以事其兄；是君臣、父子、兄弟终去仁义，怀利以相接也。"做臣子的，侍奉国君时，脑子里想的都是利；做子女的，侍奉父母时，脑子里想的也都是利；做兄弟的，侍奉哥哥时，脑子里想的还是利。结果，就会令君臣、父子、兄弟之间全部以利相交。这样的国家，最终没有不灭亡的。

现在很多人可能不理解，为什么古代谈"利"会这么危险。其中有个很重要的原因，就是当时是农业社会，社会中所有的利益都来自土地，但土地又很有限，如果人们做什么都只强调利益，就会导致"上下交征利"，彼此争夺私利，这样的国家很容易走向灭亡。

这种情况直到工业革命到来，人类发明了蒸汽机之后，土地不再是最重要资源时，才逐渐缓解。这个时候，大家开始用机器生产各种东西，再把东西拿出来交换，大家一起把市场这个"蛋糕"做大，再谈"利"，就不再是一个零和博弈了。这一点我们在讲《技术与文明》这本书时就提到过。

在孟子看来，要说服楚王、秦王罢兵，应该以"仁义"的理由去说服才有意义。如果秦楚之王因为仁义而罢兵，那么仁义的观念就会传递给士兵，士兵也乐于以仁义而罢兵。这样，

"为人臣者怀仁义以事其君，为人子者怀仁义以事其父，为人弟者怀仁义以事其兄"，不管是君臣、父子、兄弟，都不再为了利益，而是为了仁义相接，国家才能获得长久的发展。

如果我们把孟子关于"仁义"的主张放在今天，放在我们的工作和生活中，同样具有很好的参考意义。当然会有人说，努力工作不就是为了利益吗？不为利益，我每天辛辛苦苦的图什么呢？

但我认为，你如果这么想就有些短视了。假如你事事都以"利"为前提，心中没有仁义，必然会时刻想着怎样打败别人，让自己胜出。时间长了，你就会形成惯性思维，一切以自我为中心，一旦获得机会，就会拼命获取最大利益，不给其他人任何机会。但是，这种不给他人留余地的做法，反而会让你时刻处于焦虑状态。即使你胜出了，对方失败而退出，你又怎么能保证对方不会置于死地而后生呢？如果对方更加努力地提升自己，将来很可能会碾轧你，甚至直接替换你，让你失去生存的空间。这种内卷到最后的结果往往都是两败俱伤，谁也占不到便宜。

我之前在讲完《批判性思维》这本书后，回到公司，就给员工们开会。我跟他们说，以后我们在与人合作时，不要总是维护我们自己公司的利益。大家一听，都蒙了，说难道这样做不对吗？我们不应该维护自己公司的利益吗？我就告诉他们，如果时时处处都维护自己公司的利益，就会失去批判性思维，失去竞争的公平性。你总是感觉自己替公司争取更多的利益是好事，但长此以往，你跟其他平台的关系就会受到影响，别人会认为你借着自己是品牌公司，或者是总部公司，就故意欺负他们、打压他们，以后谁还愿意跟你合作？

实际上，不管是在职场上，还是在生活中，我们与人交往、交流时，都应该存有一定的仁爱之心，要想着自己是在与其他人一起做一些有意义的事，这些事情是为了实现双赢，而不是为了独占利益，这才是我们工作和生活的意义与价值。我们不应该不停地跟别人争夺、算账。世界上没有什么是你完全靠争夺得来的，也没有完全能算得平的账，你永远都会有自己搞不定的地方。真正让一个人不断成长的，永远都是仁义的力量。

> 是故贤君必恭俭礼下，取于民有制。
>
> ——《孟子·滕文公上》

你的认知决定你的能力

心理学上有个专业名词，叫作"知识的诅咒"。这个词来源于奇普·希思和丹·希思兄弟的一篇同名论文，它的意思是说，当一个人知道一件事之后，就无法想象自己不知道这件事时的状态。

举个例子，现在很多老年人不会使用智能手机中的某些功能，如果让你给他们解释，教他们使用，由于彼此间掌握的信息不对称，你很难把自己知道的知识和信息完完全全地为对方解释清楚。

再比如，重庆有一位大学教授、博士生导师，是教育部新世纪优秀人才，但他在辅导自己正上初二的女儿作业时，却发现自己根本辅导不了。原因是他感觉很简单的题目，在讲给女儿听后，女儿就是听不懂。

在这些情况下，我们就会感觉自己被知识"诅咒"了，完全没办法顺畅地把知识传达给别人。

当生活中出现"知识的诅咒"现象时，大多数人都会认为这是别人的问题，是别人理解力不行、能力不行。但我要告诉你的是，在很多情况下，这还真不是别人的问题，而是你的问题，是你的认知层次不够高，对自己的能力盲目自信，或者没有学会换位思考，总是站在自己的角度考虑问题。我讲了十几年的课程，最深的体会就是：一个人能走多远，真的取决于他的认知、见识和格局。

这种观点在《孟子》一书中也多有体现，尤其是关于一个国家领导者的认知、能力、见识、德行等，孟子非常重视。

比如，孟子在与滕文公的对话中，就多次强调国君要以民事为主。民事就是农事，你搞好了农事，抓好农业生产，让百姓有衣穿、有饭吃，百姓自然就会听你的话，服从你的统治。相反，如果你没管理好百姓的事，百姓的生活朝不保夕，他们就会作奸犯科，做错事、做坏事。一旦犯了错，你又用刑罚去处罚他们，那就太不应该了。

所以，孟子指出："是故贤君必恭俭礼下，取于民有制。"意思是说，贤明仁德的君主必定谦恭自制，以礼对待臣仆和百姓，就算是向百姓征税，也要有一定的制度约束。你不能因为自己是国君就为所欲为，想征多少税就征多少税。如果国君用这种方式治国，那是不可能治好的。

这是孟子一向主张的为政之策，但我认为，它更适用于今天的自我管理。现实生活中有很多人，想让别人帮自己办事，却又总是满身官僚气，对别人颐指气使。别人在做事遇到问题时，他不但不协助解决，反而把责任都推到对方身上，认为对方做事不行、能力太差。这时就容易出现"知识的诅咒"现象，彼此沟通不畅，谁对谁都不满意。

作为一国之君，要让百姓服从管理，当然就要满足百姓的生活所需，有衣服穿，有粮食吃，有房子住，让百姓过上安稳的日子。作为一个普通人，想要让别人帮我们办事、为我们服务，或者接受我们的意见、方法等，同样要适当考虑别人的需求。别人的需求是什么？被尊重，有成就感，有价值感，能够自我提升、自我实现，等等。如果你不懂这些，就会认为别人帮你办事是天经地义的，或者你给对方点儿好处，对方就必须把事情给你办好。遇到问题解决不了，那就是对方能力不行。这样与人相处，我想没有几个人能接受。而实际上，很多问题恰恰就出在你自己身上，只不过你不自知而已。

如果大家参加过企业组织的培训，就会发现一个问题：刚培训完时，大家都很兴奋，很有干劲，工作中也都积极认真。领导们真是看在眼里，喜在心上。可不出一个月，这股热情过去后，大家就又恢复到原来的状态了。

为什么前后变化这么大？一个重要原因就在于，工作从来不是个人的事，而是与公司的制度和领导者的能力紧密联系在一起的。公司制度不到位，领导认知能力差，布置任务不及时、不准确等，都会影响员工的工作热情和积极性。从某种意义上来说，一个公司内员工工作不积极、执行力差，反映的恰恰是领导自身能力的不足。

所以，我在讲课时经常会讲，要想让别人更愿意帮你办事，或者让公司员工工作积极性高，领导首先要提升自己的认知能力，能够根据他人或员工的能力、特点和需求等进行考量，让每个人都能充分发挥自己的优势。当员工遇到问题时，也要先从自身寻找原因，再与员工一起复盘，寻找其中的问题与不足，这样才能不断帮助员工增长能力，同时也能发现自身的不足。

我见过很多认知水平高的人，跟他们相处真的让人舒适。你会发现，他们常常虚怀若谷、闻过则喜，深刻地知道自己的局限性，也深知自己拥有的知识只是沧海一粟，因此会对外界一直保持强烈的求知欲，乐于发现自己的缺点，并能不断改正、完善。这样的人，会让你不知不觉地想要靠近，想要与他们共事。具有这种认知和格局的人，真的是想不成功都难！

入则无法家拂士，出则无敌国外患者，
国恒亡。然后知生于忧患而死于安乐也。
　　　　　　　　　　——《孟子·告子下》

居安思危，才能防患于未然

　　如今，"居安思危"已经成了我们做事的一句名言。如果我们做一件事取得了成功，从此就躺在功劳簿上睡大觉，那么醒来之时，恐怕就会发现自己已经跌落到深渊了。

　　这一点不难理解，世界发展太快了，我们稍微慢下脚步，就会被人超越。对个人来说，如果一个人在一个地方待久了，特别是在政府、事业单位待久了，内心就会觉得，反正我这辈子都会很稳定，也没必要再去追求什么了。但是，这种稳定是会"杀"死你的，人一辈子如果只图稳定的话，那就是不进则退。只是很多人对于止步不前缺乏敏感，哪怕工作已经止步不前了，他还觉得挺好。单位又不会辞退我，不论外面的经济环境如何，我每个月的工资还是照发，这不就是人生圆满嘛！而实际上，没有任何一份工作是不需要前进的，你不前进，后面就会有人超越你、替代你。

孟子早就说过："入则无法家拂士，出则无敌国外患者，国恒亡。然后知生于忧患而死于安乐也。"对一个国家来说，如果国内没有坚守法度的大臣和足以辅佐君王的贤士，在国外没有与之匹敌的邻国和来自外国的祸患，国家就会有覆灭的危险。所以孟子指出，"生于忧患而死于安乐"，有忧患意识，能够防患于未然，才能生存；贪图享乐，止步不前，就只能面临死亡的命运了。

这让我想到了《左传》中的一个故事。

春秋时期，几个大诸侯国联合起来攻打郑国，郑国国君很害怕，急忙向晋国求救。晋国出面后，很快就帮郑国化解了危机。郑国国君为了表示对晋国的感激之情，就送了很多财物给晋国。

晋国国君晋悼公看到这些礼物后，很高兴，就要分一些财物给大臣魏绛，并对魏绛说："这几年你为我们国家出了很多力,我很高兴,现在就让我们一起享受吧!"

而魏绛却拒绝了,还劝晋悼公说:"我们的国家之所以一直很强大,首先是您领导有方,其次是同僚们能够同心协力,我个人的贡献不值一提。但是,您在享受安乐的时候,应该想到我们国家还有很多事情要做,您要居安思危,思则有备,有备无患。"

晋悼公听了这番话,很是感动,从此对魏绛更加敬重了。

魏绛的这番话所表现出来的,就是一个人作为领导者该有的样子。其实不光是领导者,即使是普通人,也必须时时刻刻保持危机感和忧患意识,对止步不前这件事要有所警惕。人无远虑,必有近忧,你不能找到外在的一些压力和危机,就无法给予自己前进的动力。

《史记》中也有这样一个小故事。

孙叔敖当上楚国的令尹后,国内的官吏和百姓都纷纷前来祝贺。在这些人当中,有一位身穿麻布丧衣、戴着白色丧帽的老人,说自己前来吊丧。孙叔敖听了,忙整理好衣冠出来迎接,并对老人说:"楚王不了解我缺少才能,才让我担任令尹这样的高官。人们都来祝贺,唯有您来吊丧,莫不是有什么话要指教我?"

老人点点头,回答说:"我是有话要说。当了大官,对人骄傲,百姓就会离开他;职位高,又大权独揽,国君就会厌恶他;俸禄优厚,却不能满足,祸患就会发生在他身上。"

孙叔敖听了老人的话,忙向老人拜了拜,恭恭敬敬地说:"请老人家指教,我愿意继续听取您的意见。"

老人接着说:"地位越高,态度越要谦虚;官职越大,处事就越要小心谨慎;俸禄已经很丰厚了,就不应该再索取额外的财物。你严格遵守这三条,就能把楚国治理好。"

在今天看来,老人对孙叔敖说的话,其实就是希望孙叔敖能够居安思危,哪怕是当了大官,拿着高高的俸禄,做人做事也要谦虚谨慎,防患于未然,这样才能越做越好。

在现实中,许多人一开始混得不错,慢慢就越混越差了,为什么?原因各不相同,但有一个共同因素,就是缺少危机意识。你只看到对自身发展的有利因素,忽视了潜在风险;或者只看到别人的不足,忽视了自己的弱点。安而忘危,缺少远虑,对可能出现和即将到来的危机认识不足,准备也不充分,最后就不得不接受失败的命运。

我们在讲《反脆弱》那本书时就曾说过，假如我们平时不受任何一点外在刺激，就像生活在真空中一样，我们的身体就没有抵抗力，这时一点点病毒袭来，人就可能丧命。你如果看不到其中的危机和忧患，让自己处于"真空"状态，那么稍微出现点儿问题、遇到点儿困难，可能就起不来了。所以也可以说，人没有危机意识，就会随时面临"杀机"；居安思危，保持危机意识，防患于未然，才能迎来"生机"。

> 有布缕之征，粟米之征，力役之征。君子用其一，缓其二。用其二而民有殍，用其三而父子离。
>
> ——《孟子·尽心下》

找准定位，做自己最擅长的事

最近，我在网上看到这样一个火爆的帖子，说"如果我没有上大学，我就可以心安理得地当服务员了"，发布者是一个求职屡次受挫的大学生，由此引发了无数网友的热议和共鸣。在竞争压力日益增大的今天，许多年轻人离开校园后，突然不知道自己该何去何从了，甚至不知道自己该干什么、能干什么！

实际上，这个问题就是一个个人定位的问题。在当前这个不确定的时代，找准自己的位置，是我们需要面对的最大的人生课题之一。以我自己为例，现在很多人说起我，可能第一反应就是我是个"讲书人",其实我以前还在中央电视台当过主持人,还当过大学老师,甚至还做过餐饮生意,但真正让我倾注热爱并最终站在大家面前的,还是"讲书人"这个身份。可见找准定位、找准赛道是多么重要。

找准了自己的定位,再努力去做自己最擅长的事,直至做到极致。只是,生活中有很多人不这样做,他们总是想要寻求多元化的发展,希望自己在各个领域都能发光发热,做出成绩,但我认为这是不可能的。我对多元化发展并不抵触,如果一个人能有多个站得住脚的发展方式,那自然是件好事。但这里有一点要搞清楚,那就是:你在做一件事情时,到底是把它当成一份事业,还是当成一桩买卖?你到底是在投资,还是在投机?现下,很多人对于多元化发展好像都过于狂热了,其实根本没有全面了解他所处行业的各类情况,就开始盲目涉足,结果导致四处碰壁。

比如说,现在很多做房地产企业的人,觉得要靠销售项目换来巨大的现金流,于是迅速向多个不同领域扩张,抢占市场,想快速拥有多项支柱业务,使自己的企业一跃成为遍布地产、娱乐、汽车、互联网等各领域的大集团。

遗憾的是,很多人对这样资本扩张、跑马圈地式的发展思路却展现出极大的热情,甚至连前期调研都没做,就在冒着巨大风险和存在诸多隐患的情况下，盲目地推进下去，其结果可想而知。

德国有一家建筑巨头，叫菲利普·霍尔兹曼建筑公司，在过去100多年的发展过程中，这家公司承接了大量项目，其中有很多是我们至今都耳熟能详的知名工程，比如德国国会大厦、吉隆坡石油双塔等。

20世纪90年代初，菲利普·霍尔兹曼的管理层开始有点儿飘了，觉得德国房地产行业必将大有作为，于是盲目自信地迈出了多元化的步子。他们迅速进入这个与其主营业务关联不大的产业领域，实施多元化战略，将公司资源全部向房地产业务倾斜。然而好景不长，德国房地产行业持续呈现低迷状态、徘徊不前，导致其无法实现盈利，菲利普·霍尔兹曼建筑公司从此陷入了不可自拔的泥潭。

到2002年，这个曾经的建筑巨擘已经累积巨额债务，最终无力回天，轰然倒塌。

很多人在自己长期钻研的领域内，基于不断积累的各种资源，通常都能如鱼得水般自在。然而一旦找不准自己的定位，陷入膨胀而贪婪的欲望之中，冲动地把自己的精力投入各种不熟悉的行业，就如同把原来的资本优势、资源优势和资金优势全部转化为劣势，想在新的领域中重新取得优势是很难的。

关于多元化发展的问题，孟子早就提出过。孟子曾经说过这样一句话："有布缕之征，粟米之征，力役之征。君子用其一，缓其二。用其二而民有殍，用其三而父子离。"意思是说，国家在发展过程中，有征收布帛的赋税，有征收粮食的赋税，有征收人力的赋税。君子会在三者之中选用一种，另外两种不同时使用。如果同时使用了两种，百姓就会饿死；如果同时使用了三种，那就是父亲顾不了儿子，儿子顾不了父亲了。这个时候，整个社会就会分崩离析，根本无法正常运转。

放在我们个人身上，这个道理同样适用。你选择做自己最擅长的那件事，就能做到极致；你两件事同时做，可能做得就都没那么好；你三四件事一起做，肯定哪件事都做不好。说到底，我们还是应该做自己最擅长的事，做与自身能力相匹配的事，不要轻易触碰与自己主业方向不相关的业务。

我小时候特别喜欢"米老鼠"这个形象，"米老鼠"自1928年诞生后，为观众带来了前所未有的欢笑。电影也仿佛与迪士尼浑然一体，自此，迪士尼公司从未脱离过影视业这一核心业务。

经过近百年的发展，如今迪士尼不但出品了《白雪公主》《海底总动员》《玩具总动员》等多部让人喜爱的动画影片，还拍摄了《加勒比海盗》等卖座的真人电影。而如今的迪士尼更是收购了漫威、20世纪福克斯等公司，奠定了影业霸主的地位。

虽然迪士尼从未在其他领域中有什么更大的作为，但它已然成为世界上首屈一指的超级巨无霸企业。

由此可见，找准自己的定位，用心耕耘自身的立命之本，才是我们不断提升和发展的重中之重。而我们的立命之本就是我们所从事的核心业务。其实我们每一个人所从事的核心业务都有着极大的发展空间，多元化不一定非得从外面寻找，也可以从内部找机会。

> 以大事小者，乐天者也；以小事大者，畏天者也。乐天者保天下，畏天者保其国。
>
> ——《孟子·梁惠王下》

格局有多大，成就就有多大

我们经常会发现这样一种现象：有些人在工作中，从基层被提拔到主管位置很快，也表现得很努力，执行能力强，任务完成得也不错。但是，等他们升到中层后，尽管仍然很努力、很积极，可业绩不但不再提升，反而出现持续下降的趋势。

这是怎么回事呢？

究其根源，我认为是这些人的格局不够。在基层工作时，他们需要协调的工作比较单一，而升到中层岗位后，他们就变成了整个团队的"大管家"，既要负责传达好领导的指令，拆分整体目标，又要协调各部门的工作，考核绩效，林林总总，不一而足。从这个角度来说，一个优秀的中层管理者不仅需要具备"面面俱到"的才能，更要有"宰相肚里能撑船"的格局和境界。

但是，有些人升至中层岗位后，仍然像以前一样，只看到眼前或局部的一点儿利益，对企业和上级的战略意图难以理解，或理解得不够透彻，在思考和决策时也无法从大局或整体上把握事物发展的趋势和规律，这就自然难以应付工作中纷繁复杂的各项事宜了。

关于格局，孟子早在几千年前就曾经与齐宣王探讨过。齐宣王问孟子，说我们怎么才能更好地跟周围这些国家打交道呢？孟子就给齐宣王举了"汤事葛"和"文王事昆夷"的故事。

"汤事葛"讲的是商汤和葛这个国家之间的关系。当时的商国和葛国都是夏朝的诸侯国，但葛国国君比较昏庸，不但经常给商国捣乱，还不肯祭祀，说自己什么都没有。商汤听说后，就给他们送去了很多祭祀用的牲畜、粮食等，还派人替葛国种地，希望感化葛国。可葛伯根本不听，还把商汤派去为种地的人送饭的给杀了。于是商汤兴师灭了葛国，葛国老百姓纷纷拍手称快，还加入了商国。

在"文王事昆夷"的故事中，昆夷是周朝旁边的小国，当时的周朝已经发展得很强大了,但昆夷却自不量力,横挑强邻,兴师伐周。可周文王的做法就很有趣了,他并不出兵迎战,而是关上门不理会他们,让他们自己回去了。

孟子给齐宣王讲这些,是想告诉齐宣王,只有聪明的人,才能以小国的身份侍奉大国,而不是自不量力,以卵击石;只有仁者,像周文王那样,才能讲信修睦,不欺负小国。

那他们为什么这样做呢?

因为"以大事小者,乐天者也;以小事大者,畏天者也"。作为大国,能不恃强凌弱,这叫乐天知命。《易经》中说:"乐天知命,故不忧。"也就是顺应天道安排。对周朝来说,天生养了我这样的大国,也生养了昆夷那样的小国,我不该为难它,这才是顺从天意。作为小国,要认清自己的形势,不以小谋大,尽其恭顺之道。简单来说,就是乐天者胸怀宽广,能包容四海,足以"保天下";畏天者具有敬畏之心,不给强敌以挑衅的机会,才能"保其国"。

在今天看来,我认为孟子的这段话对于我们个人的发展同样具有重要意义,它其实是在提醒我们,一个人的格局决定了他的成就,也决定了他的做事风格。具有大格局、大胸怀的人,对上有敬畏之心,不轻易做出狂妄举动,并且能从较高的维度看待问题;对下则有仁爱之心,不随意为难下属,而是懂得关心、尊重下属，这样才能赢得下属的认同和追随。

但是齐宣王这个人很搞笑，他听完孟子的这番话后，可能觉得自己做不到，所以说："你说得都对，可我不行呀，我这个人有病，就喜欢打仗。"意思是说，你想让我用"仁政"跟周围的大国和小国搞好关系，我做不到，我就喜欢逞强好勇，我就喜欢用拳头说话。

孟子一听，马上回应道，大王喜欢打仗没错呀，周文王也是一怒安天下的，如果你也能"一怒而安天下之民，民唯恐王之不好勇也"，老百姓还唯恐你不好勇呢！

这句话仍然是在谈人的胸怀和格局问题，如果你每天只盯着一个人、一件事，不能从整体上增强自己的能力，那只是"匹夫之勇，敌一人者也"，你也就只有战胜一个人的能力了。但若能从大的格局看待问题，就像《诗经》中赞颂周文王那样："我王勃然生怒气，整顿军队到前方，援救莒国挡敌人，增强周国的威望，酬答各国的向往。"[1]这才是作为帝王的"大勇"。

从表面看，孟子与齐宣王一直在讨论如何治理天下，如何安天下之民，实际上讲的都是君王的格局问题。你可以好勇，但好的"勇"应该是"大勇"而非"小勇"；如果你做任何事

---

[1]《诗经·皇矣》中的原文是：王赫斯怒，爰整其旅，以按徂旅。以笃于周祜，以对于天下。——编者注

都只是从自己的角度出发,只看到自己的利益,那你再勇敢也是"小勇";而如果你能为他人、为天下的发展考虑,那才是真正的"大勇"。就像金庸先生在《射雕英雄传》中讲的,"侠之大者,为国为民",你只有抛开一己之私利,才能成为一个真正有境界、有格局的人,也才有可能成就一番事业。

第二章

要成事，先修身

> 今恶死亡而乐不仁，是犹恶醉而强酒。
> ——《孟子·离娄上》

做好自我管理很重要

央视主持人撒贝宁曾在节目中说："人生最大的压力是什么？就是管好自己。我后来才发现，人的一生中，最难做的一件事就是管理好自己。"

我身边有许多优秀的人，我发现他们都很擅长自我管理，特别自律，用《孟子》中的一句话来说，就是"行有不得，反求诸己"。他们遇到问题时，很少会先去责备别人，而是从自己身上找原因、找方法。

很多人都应该听过这样一个小故事：

在美国西雅图有一个著名的教堂,教堂里有个牧师,牧师四处布道,引导人们积极向上。有一次,牧师对大家说,谁能背出《圣经》中的某个章节,就可以被邀请到西雅图著名的空中餐厅参加圣诞晚宴。而牧师要求背出的章节有几万字之多,并且是《圣经》中最难的一部分。

很多人都跃跃欲试,但因为太难背,很快就都放弃了,只有一个11岁的小男孩坚持到最后,并且完成了牧师的任务。

牧师惊讶地问小男孩:"你是怎么做到的?"

小男孩告诉牧师,他一开始也很紧张,但后来他就把这种压力转化为一种动力,每天几乎不吃不睡,就为了达成这个目标。

这个小男孩就是日后大名鼎鼎的比尔·盖茨。

这就是自我管理的魅力所在。

我们当然不需要背那么冗长的《圣经》,但做好自我管理同样重要,正如英国著名管理学家帕瑞克所说,"除非你能管理自我,否则,你不能管理任何人或任何东西"。

早在几千年前,孟子就已经明白这一点了。在《孟子·离娄上》中,孟子就指出:"暴其民甚,则身弑国亡;不甚,则身危国削。名之曰'幽厉',虽孝子慈孙,百世不能改也。"意思是说,国君对老百姓太残暴,就会导致身死国亡的危险;即使不是太过分,也会将自己置于险境,使国力被削弱。不仅如此,死后还会被冠以"幽""厉"这类糟糕的谥号,让后世都知道你不是个好人。

"幽"这个谥号大家应该不陌生,"烽火戏诸侯"中的周幽王就是其中的代表人物。"幽"字代表的是壅阻不通,意思是这个人脑子糊涂,管不好自己,经常祸乱朝纲。"厉"这个谥号的代表人物是周幽王的爷爷周厉王,他就更糊涂了,经常滥杀无辜,甚至不允许大家讨论国政,谁敢说就砍谁的脑袋,最后逼得老百姓没办法,想要交谈时,就在马路上互相交换眼神,由此也产生了一个成语叫"道路以目"。

孟子用这两个例子来警示君王,不要像周幽王和周厉王那样,否则就会出现"天子不仁,不保四海"的结果。同样,诸侯、大夫以及普通百姓也不能掉以轻心,认为只要君王"仁"就行了,我们不需要"仁",那也是不行的。否则,"诸侯不仁,不保社稷;卿大夫不仁,不保宗庙;士庶人不仁,不保四体"。

紧接着,孟子又说了一句特别精彩的话:"今恶死亡而乐不仁,是犹恶醉而强酒。"意思是说,现在人都害怕死亡,但仍然不管不顾,喜欢做坏事。这就像一个人讨厌喝醉酒,但是每次偏偏要喝醉一样。

我读到这句话时特别感慨,因为今天这样的人太多了。比如喝酒这件事,我经常看到一些人喝酒把自己喝到医院,我很不理解,为什么要这样伤害身体呢?结果他们说:"唉,为了工作,没办法呀!""大家一起哄,没忍住,就喝多了。""下次绝对不这么喝了!"但一扭头,又去喝了,而且很可能又喝得酩酊大醉。

孟子用史实说明了仁与不仁的结果,强调了君主、诸侯、卿、大夫、士、庶人如果不仁,就会给事业带来致命的后果。这个后果是尽人皆知的,也是人们最不愿意看到的,但奇怪的是,人们却乐于干着这些不仁的勾当。为什么呢?

原因就在于自我管理能力太差。管理自己包括对自己生活、学习、工作、时间等的管理。一个人如果连自己的事都管理不好,就很容易被外界事物所干扰,以致计划不能顺利执行,目标达成不了,当一天和尚撞一天钟,怎么可能有所成就呢?

管理学中有个著名的"锅盖原则",意思是管理者的管理能力有多大,成就就有多大,你的成就永远不会超过你的管理能力。这个理论同样适用于我们的自我管理,你把自己管理好,才有可能处理好在生活、工作、事业方面的问题。所以,管理大师彼得·德鲁克说:"卓有成效的管理者正在成为社会的一项极为重要的资源,能够成为卓越的管理者已经成为个人获取成功的主要标志。而卓有成效的基础就在于管理者的自我管理。"一个真正厉害的人,一定是一个善于自我管理的人,也一定能在思想和行动上成为自己的首席执行官。

> 居下位而不获于上，民不可得而治也。
> 获于上有道：不信于友，弗获于上矣。
> 信于友有道：事亲弗悦，弗信于友矣。
> ——《孟子·离娄上》

拥有至诚之心，人生才会越来越顺

韩非子有一句话是这样说的："下君尽己之能，中君尽人之力，上君尽人之智。"意思是说，昏庸的君主只懂得用单个人的能力治国，普通君主会用众人的力量治国，而贤明的君主则会用众人的智力治国。

今天看来，这句话同样可以作为我们为人处世时所坚守的原则。善于做事的人，总是能够尽人之智、尽人之心、尽人之欲望。而要做到这些，就必须懂人性、识人心。尤其是在工作当中，不但要善于调动同事、下属的工作热情和积极性，还要能得到上级领导的支持和认可。否则，你的工作难以顺利推进。

我在跟一些朋友聊天时，有人就跟我说，混职场很容易，只要平时多恭维恭维领导，跟领导说说好话、搞好关系，获得领导的支持和信任，工作就很容易干。听起来好像有几分道理，但我却不认同这种做法。

孟子曾经提到："居下位而不获于上，民不可得而治也。获于上有道：不信于友，弗获于上矣。"你在他人的领导之下，要想顺利地工作，就必须得到上级领导的支持，否则，你就做不好自己的本职工作。但是要得到上级领导的支持，并不在于你会阿谀奉承，而在于你能够赢得朋友的信任。

乍一看这句话有点儿摸不着头脑，要和领导搞好关系，跟赢得朋友的信任有什么关系呢？

孟子对此的解释是：你跟领导离得远，领导对你可能不太了解，但你平时跟朋友走得很近，你是什么样的人，你的朋友最清楚。如果你的朋友都信任你、赞扬你，愿意跟你亲近，那说明你这个人比较能干，守信用，做事靠谱。领导发现了这一点后，才有可能信任你。

这一点很重要。很多高明的领导不是看下属怎么在自己面前表现，而是从侧面观察和了解自己的下属。当他发现这个下属的朋友都特别信任他时，他心里就会对这个下属产生好感，继而慢慢对这个下属建立信任感。

那要怎么赢得朋友的信任呢？再向前推，孟子认为，这要看你是否有孝心，能不能侍奉好父母，让父母高兴。如果你对父母孝顺，把父母照顾得好好的，那你做人也一定不会差。

而要孝顺父母，让父母开心，也有办法，就是"反身以诚"，经常诚心诚意地反省自己。这样，你就不会经常挑别人的毛病，不改正自己的问题。这就又应了孟子的那句话："行有不得，反求诸己。"所以，孟子认为，诚是自然规律，追求诚是做人的基本原则。做人做事能够做到"诚"，具有至诚之心，一切才会顺畅。

有一次，我与出版社的一位策划编辑讨论秋山利辉所著的《匠人精神》这本书，他就想考考我，问我说："樊老师，您说这本书的核心主题是什么？"我就回答："《中庸》里讲：君子贵诚，不诚无物。这本书中讲的就是咱们中国人所谓的'诚'。"他说："您说对了。"

还有一本叫《扫除道》，也是由海外引进版权的书。它讲的是扫除的仪式感，以及通过外在世界的扫除来清理我们内在世界的垃圾和尘埃，在使外界变得整洁有序的同时，也让我们的内心变得清洁有序。书中做扫除道的老先生，从来不要求别人怎么做，而是自己每天在公司里做扫除，一干就是60年。开始时，员工都很不理解他的行为，但慢慢地都被带动起来，自发地参与到打扫之中，扫除也成了这个公司的一种企业文化。更重要的是，大家通过打扫发现了很多好处，比如磨砺了心性，萌生了感恩之心，成了有心之人。

现在回顾这两本书，我认为书中的两位"主角"真的都是至诚之人。他们时刻都在思考自己的所作所为能不能当得起"诚"这个字，而"至诚而不动者，未之有也"，一个人做事做到至诚，就不会不令人感动，也不会不促使人行动。

所以，不管做什么，我们都应该像孟子说的那样，经常反求诸己，看看自己在工作和生活中所做的事能不能影响和改变周围的人，能不能让周围的人受益。如果做不到足够真诚，整天想着怎么讨好上级，怎么占同事便宜，那肯定也得不到别人的信任和好感。优秀的人一定会将自己至诚的态度和作风带到工作和生活当中，用正能量去影响身边的每一个人，用真诚的态度、大度的心胸打动身边的每一个人。就像王阳明说的那样：做人，养一颗至诚之心，内心会越来越强大，人生也会越来越顺。

所就三，所去三。迎之致敬以有礼，言将行其言也，则就之……周之，亦可受也，免死而已矣。

——《孟子·告子下》

成事者要有足够的耐心

因为工作关系，我经常会跟一些事业上比较成功的人接触。我发现，决定一个人成功的因素，不是他们的学历够不够高，或者是机遇够不够好，一个非常重要的因素，在于他们做事时是否有足够的耐心。

我之前认识一位企业高管，他空降到一家大型公司做副总，当时这家公司的经营状况很不好，管理方面也是一塌糊涂。他到那里几个月的时间，一直就在梳理和完善各种制度，时常感觉很无力。有一次，他跟我聊起这个状况，说自己想离职，在这个公司做得比较吃力。我们认真沟通了一下，我发现他作为一个公司的管理者，在当前的工作中比较缺乏耐心，针对公司中的很多问题，总是希望一步到位地解决。我认为，这一点他做得不太理想。

不管我们做任何事，能够一步到位的很少，必须一点一点地去攻克面临的困难。而一个成功人士的成熟程度，很重要的标志就在于他愿意花多长的时间周期去计算得失。时间周期越短，就越急躁、冒进、焦虑；时间周期越长，就越从容、淡定。亚马逊公司CEO贝佐斯在1997年时曾经给股东们写了一封信，其中有这样一句话："一切都要围绕长期价值展开。"你对自己越有信心，对现在就要越有耐心。

在《孟子》一书中，孟子的学生陈子曾经问自己的老师："古代的君子，都是怎样做官的？"

孟子一直不太喜欢做官，但他对做官这件事却颇有见地。他认为，有三种情况可以当官，有三种情况必须离开。

第一种情况，就是国君能够以礼相待，并且表示会实施你的主张，这时可以做官；但如果只是保持礼貌，每天对你客客气气的，却不去实施你的主张，那就离开吧。

第二种情况，就是你刚任职时，国君没有采纳你的意见，但对你一直很礼貌,这时也可以继续留任,因为以后可能还会有机会采纳你的意见;但如果国君对你连礼貌都没有了,说话也不客气了,那就应该离开。

第三种情况,也是最不好的一种情况,就是你的日子朝不保夕,吃了上顿没下顿,国君看到了,说:"哎呀,他说的那些事我没法推行,他的建议我也不想听,但让他在我的土地上挨饿,这是我的耻辱呀!"于是赶紧派人给他送点粮食,让他能够度日,这种情况也可以接受,但你也仅限于混口饭吃,勉强生存而已。

在孟子看来,君子入仕有以上三种境界,最底层的境界就是活着就好,相当于马斯洛需求层次理论当中生存需要的那个层次。解决了生存需要之后,再向上一层,才会受到尊重,这一层相当于马斯洛理论中的尊重需要。再向上一层,不但自己会被国君以礼相待,自己的观点还会被国君采纳,抱负还可能会实现,算是马斯洛理论中的最高层次——自我实现的层次了。

但我们也发现,最后一个层次对国君的要求是非常高的,同时对入仕的个人要求也是非常高的。这里就容易出现一个误解,很多人认为,自己要做一件事,那么周围的人都必须配合自己。如果周围的人不支持,或者暂时没有按照你的提议来实施某些策略,你就像孟子说的那样,一生气不干了,这是不行的,也不是一个成熟的人该有的格局。

我之所以这样说,是因为一个国家要推行某种政策,或者是一个人要成功地做一件事,都不是一个单一的问题,可能会关系到很多其他的客观因素。比如,你想在公司里推行一个战略,首先要结合公司当前发展的实际情况,其次要结合公司中人员的实际情况,除此之外,还要考虑到市场状况、社会大环境等客观因素。并非某个战略好,在其他公司效果明显,就一定适合你所在的公司。而你要做的,是努力说服自己的上下级,大家齐心协力去解决这些问题,推动这个战略慢慢实施,带动公司的发展。如果身边的人不同意、不支持,你立刻就撂挑子走人,那么就算你再有雄才大略,也不可能发挥出来。

所以,我在把《孟子》这本书读了几遍之后,发现孟子的观点有个很大的症结,就是本质上不信任那些诸侯国的国君。一旦发现这些国君身上展现出他不满意的地方,他就想离开,换一个国君继续推行自己的理论。但实际上,一个人真正要做事业的话,还是应该有足够的耐心。就像曾国藩能创建名震天下的湘军一样,他最大的一个优势就是有耐心,即使遇到很多阻挠,他也能不断重复那些复杂的事情,把那些复杂的困难一个个攻克,这样的人才能成事。

> 天下溺，援之以道；嫂溺，援之以手。
> 子欲手援天下乎？
>
> ——《孟子·离娄上》

通权达变的智慧

很多人都喜欢读《三国演义》，如果让你来评价一下里面的曹操，你认为他是一个什么样的人？

不管是在中国历史上，还是在《三国演义》这本书中，人们对曹操的评价都呈现出两极化。有人认为他是"清平之奸贼，乱世之英雄"；《三国志》作者陈寿将他比美商鞅、韩信、白起等人物；《资治通鉴》中则认为曹操有"十胜"，分别为道、义、治、度、谋、德、仁、明、文、武。

我个人认为，《三国演义》中对曹操的评价是比较客观的，就是"有权谋，多机变"，清晰地点明了曹操的主要特点，就是善于权谋、通权达变。尤其是通权达变这一点,在现在看来,也是一个人做事、成事必备的素质。

《三国演义》中有个很著名的案例:官渡大战中,袁绍被曹操打败,袁绍的数万士兵被曹军俘虏。在清理战场时,曹操得到了一份机密文件,是自己营中的人与袁绍暗中勾结的书信。有人建议曹操把这些通敌分子都找出来,一一除掉,但曹操权衡一番之后,说道:"当时袁绍的势力比我强大,我都不能自保,何况其他人呢!"说完,他就把这些书信全部烧掉了,也没有去追究那些通敌分子。

真的是曹操不想清除掉这些对自己不忠的人吗?我看未必。当时的大战刚刚结束,军队内部还需要同心协力,巩固自己的力量。如果此时曹操处罚了这些人,很可能会引起军心浮动,导致大规模的叛逃。曹操肯定也看到了这一点,这才在权衡利弊后,选择了宽容。

曹操的谋略,让我们看到了一个成大事者的通权达变,或者叫适度的妥协。在一些人眼中,妥协似乎是软弱和不坚定的表现,但其实这是一种非常务实的做事智慧。因为这种妥协并不是放弃原则,而是以退为进,目的是让目标更容易实现。当目标方向清晰了,发现某条路走不通时,如果适当妥协一下,绕个弯就可能过去,这肯定比原地踏步好得多。

《孟子》当中就记载了一个很有意思的片段,说齐国稷下学宫里有个名叫淳于髡的辩士。有一天,淳于髡问孟子说:"男女授受不亲这件事,符合礼法规定吗?"孟子给出了肯定回答。

淳于髡又问:"那如果嫂子掉到河里,快要淹死了,你要不要伸手把她拉上来呢?"

这个问题听起来就是个坑:既然男女授受不亲,那你就不能触摸女子的手,但你不去救人,嫂子就会被淹死,这时该怎么办?

但是,孟子的回答却很具变通性,他说:"嫂子掉入水里,不去拉她,就是豺狼的行为。男女授受不亲,这是礼制;嫂子落水而伸手援救,这是一种通权达变。"面对有生命危险的人时,肯定要先救人,礼制必须先放在一边,人要学会变通才行。

这时,淳于髡又顺势提了一个问题:"现在天下也溺在水里了,先生为什么不去救援呢?"淳于髡认为,孟子作为一个厉害的大儒,却不愿意做官,不愿意伸手援救天下,这很说不过去,所以又挖了个坑让孟子跳。

孟子这么聪明的人,自然不会陷入淳于髡的圈套。他说:"天下溺,援之以道;嫂溺,援之以手。子欲手援天下乎?"天下溺水,要用王道去挽救;嫂子溺水,要用手去救。难道你想让我用手去挽救天下吗?

孟子反唇相讥,既让淳于髡无话可说,也体现出了自己善于变通的处世智慧。孟子不是腐儒,而是既从心所欲又不逾矩。人活于世,本来就有可为、有可不为,面对不同的问题,应对策略也是不同的,这种机变与权变的做法被称为"权变理论"。它的核心观点就在于,一个人在做事时,必须根据环境、条件的变化做出最恰当的选择和安排。换句话说,就是不能认死理、钻牛角尖,而是要善于变通,能够随机应变,适应外界变化,不断调整自己解决问题的方式,或者把自己放在一个适合的环境当中,否则,事情就可能陷入僵局。

美国康奈尔大学的一位教授曾经做过一个实验:他把一些蜜蜂和苍蝇一起放入一个平放着的玻璃瓶中,然后让瓶底对向光亮处,瓶口对向暗处。结果发现,里面的蜜蜂全都拼命地向着光亮处飞去,虽然屡次碰壁,也不知道转换方向,最后都累死了;而那些四处乱窜的苍蝇,竟然全都从瓶口飞出去了。

这个实验就告诉我们:面对充满不确定性的环境,有时光朝着一个既定方向努力也许恰恰是南辕北辙；只有随机应变地寻找出路，必要时甚至突破规则，才有可能找到生机。

人生也是如此。我们所面临的外部环境千变万化，充满了不确定性，经营人生应该像带兵打仗一样，既要面对客观环境，也要考虑主观条件，我们改变不了外部的客观环境，如社会环境、趋势变化等，那就只能从主观上学会变通，根据外界变化不断调整自己的策略，随机应变地寻找新的发展机会。一个人如果学会了通权达变，以不变应万变，也就掌握了经营自己人生的精髓。

> 盆成括仕于齐，孟子曰："死矣，盆成括！"盆成括见杀，门人问曰："夫子何以知其将见杀？"曰："其为人也小有才，未闻君子之大道也，则足以杀其躯而已矣。"
>
> ——《孟子·尽心下》

时刻铭记"谦受益、满招损"

对任何一个人来说，骄傲自负都是一种很危险的处世态度。没有一个人可以做到一切选择和决策都是正确的，尤其在一些重要的事情上做出错误选择并落实时，你的生活可能就会受到不利的影响。所以，不管我们从前创造过多么辉煌的成绩，也仍然需要时刻保持谦逊的品德与清醒的头脑，对别人提出的建议做出理性客观的分析。

读过《三国演义》的人对"诸葛亮挥泪斩马谡"这段

内容应该印象深刻。马谡是荆州名士马良的弟弟，自幼就以聪慧闻名乡里，后来跟随兄长一起追随刘备，以善论军计而著称。他最有名的论计就是在诸葛亮出征南蛮之前的那句"攻城为下，攻心为上"，足见其见地非凡。

诸葛亮对马谡也十分器重，认为他很有才学。第一次北伐魏国时，诸葛亮就将镇守军事重地街亭的任务交给了马谡，并嘱咐马谡按照自己的安排守好街亭。但是，马谡自视军事才能优秀，私自违背了诸葛亮吩咐的作战部署，放弃了近水源地，将部队驻扎在了南山上，妄想仗恃南山的地理优势居高临下击败魏军。马谡的副将王平见状，就劝谏马谡应该听从诸葛亮的安排，不要私自改变策略，可马谡认为自己才是军中统帅，拒绝了手下的几次提议。结果，魏国名将张郃轻松地就阻断了蜀军部队的取水要道，大败马谡，占领了街亭，最终让诸葛亮准备最为充分的第一次北伐落了个功败垂成的下场，马谡也被诸葛亮"挥泪"斩杀。

造成马谡悲惨结局的原因，并不是他没有才能，而是他过于自负，依仗着自己的才华而目空一切。

俗话说：谦受益，满招损。这句话经常用于老师对学生的教导，为的是让学生不要因为取得一时的成绩而扬扬得意。在学生时代，如果有人因为一次考试的成功而骄傲自满，那他下一次考试的成绩很有可能会下降。但是这并不要紧，只要不是决定命运的关键考试，会有很多机会让他慢慢体会其中的道理。可是我们进入社会后一切就都不同了，"满招损"的这个"损"字，很可能会成为你根本无法承受的代价。

《孟子·尽心下》中记载了这样一个故事：孟子门下有个学生，名叫盆成括，十分聪明。孟子曾说，如果盆成括能够谦逊好学，将来很有可能会取得不凡的成就。但是，盆成括就是受不了研究学问时所要承受的寂寞与辛苦，认为凭借自己聪明的头脑完全可以闯出一片天地，根本不需要苦学诗书。于是，他离开孟子，自己出去闯天下，不久还在齐国谋得了一个官职。消息传到孟子那里，正常来讲，作为老师的孟子应该高兴才是，毕竟弟子得到了一份不错的工作。哪知孟子却说："盆成括要死了！"

果然没过多久，盆成括被杀的消息就传来了。门人都很诧异，问孟子："您是怎么知道盆成括将会被杀的？"孟子回答道："其为人也小有才，未闻君子之大道也，则足以杀其躯而已矣。"意思是说，他这个人的确很聪慧，也小有才学，但是却没有学会君子应当具有的修为，这样去做官肯定会招来杀身之祸的！

孟子能预测此事的原因，仅仅是这个弟子的修为不够，可见，良好的修为对于一个人而言是多么重要。

在我们的生活中，很多人都有自负自傲的倾向。他们或者像盆成括一样，依仗自己有不错的才学，或者依仗自己在公司中拥有较高的地位，或者依仗自己有不错的家境、有钱有权的父母，慢慢变得傲娇起来，做事只凭自己的想法，对别人的意见置若罔闻。我以前辅导过的一个学生就经历过这种状态，他可以算得上是青年才俊，具备非常出色的工作能力，但是他有一个很大的问题，就是总觉得别人做事不如自己好，考虑问题也不如自己周全，所以经常听不进其他人的意见。后来他自己创业，成立了一家公司，公司决策也全凭他一个人，结果时间不长，就把公司搞得一团糟。后来他跟我聊起这段经历，用一句话总结了自己失败的原因。他说，他一直认为自己是公司犯错概率最低的人，最终却犯下了所有的错误。

实际上，历史上很多名人大家早就参透了这个道理，比如我们熟知的汉高祖刘邦。

论军事才能，刘邦与项羽相差甚远，但他最后却打败了项羽，成为天下之主。其中一个重要原因，就在于他每次做决策前，都能够虚心地听取部下甚至民间人士的谏言，择善而从。

比如在灭秦之战中，各路诸侯原本约定先破秦入咸阳者为王，但刘邦先入咸阳后却被封到了巴蜀。这让他十分恼怒，想马上率领军队与项羽决一死战。可是当时的实际情况是楚强汉弱，与项羽硬碰硬无异于以卵击石，所以樊哙、萧何等人就纷纷劝解刘邦，让他暂息怒火。萧何更是劝谏刘邦以巴蜀之地作为根基，招纳贤才、积蓄力量，然后攻占雍、翟、塞三地，为夺取天下打好基础，再与项羽一决生死。

刘邦见大家对此事都不看好，就真的克制住了自己的愤怒，并且还听取了萧何等人的提议，在汉中养精蓄锐，积蓄实力。最终，刘邦在垓下大胜项羽，取得了楚汉之争的彻底胜利，建立了西汉政权。

在很多时候，地位越高的人，越应该加强自我约束，越要注意克制自己骄傲自满的情绪，固执己见无异于坐井观天。有时要做好一件事，并不完全需要聪明的头脑、过人的工作能力、雷厉风行的手段，而是需要能虚心地听取和接受别人意见的能力。记住一句话：我们是因为仰望山顶才一步步向上攀行的，到达山顶后，只有继续仰望天空，才会发现自己的渺小。

> 君子之守，修其身而天下平。
>
> ——《孟子·尽心下》

常思己过，善修己身

在儒家看来，人生的理想轨迹就是"修身，齐家，治国，平天下"，修身被排在了第一位。从孔子到孟子，再到后世的各位儒学大师，都强调"欲正人先正己，欲论人先自论"。只有先培养起自己良好的修养，才能去影响别人；只有先提升自己，正视自己的问题，改正自己的过错，才能给别人做一个好的表率。

说白了，修身就是要我们先管好自己，这也是做人的根本。如果一个人修身不到位，看不到自己的过错和问题，那么这不但会影响自身的成长和成就，还有可能影响到身边的人，使身边的人从习惯上、思维上、方法上逐渐同化。

明神宗万历皇帝有一位大名鼎鼎的老师，叫张居正，是个很有能力的人。万历皇帝从小就受到张居正的教育，教他如何为君、如何为人，而万历皇帝也很听他的话。

万历十年，张居正病逝，由于他之前大搞改革，在朝廷上得罪了不少人，这些人见张居正去世了，便立刻以各种借口给皇帝施加压力，让皇帝下令抄张居正的家。一抄张居正的家，万历心里立刻凉了半截，因为他发现从小到大一直教自己如何勤俭治国、遵从圣贤之道的老师，自己家里却过着十分奢靡的生活。

这件事给万历皇帝造成了很大的打击，让他心灰意冷。到了执政后期，万历皇帝更是因为种种原因不再上朝，这种消极的理政方式又使社会矛盾不断加剧。与此同时，北方的努尔哈赤也在明朝的纵容下悄然崛起，这一切都为明朝的灭亡埋下了伏笔。

像张居正一样，自己没有高尚的品行，就难以为人师表，给学生做好榜样。同样，一个人经常给别人讲一套一套的大道理，自己却根本不按要求去做，也一样无法令人信服。

孟子曾说"君子之守，修其身而天下平"，说的就是一个君子最重要的操守。现在很多人做事做不好、不成功，问题往往就出在自己身上。所以，一个君子首先应该坦诚地面对自己，在要求他人的时候，要先要求自己做到某种程度，同时心中拥有更大的格局，能够容纳他人的错误，接纳他人的不足，这时他才能赢得更多人的尊重和认可，做事也才会越来越顺利。

为此，孟子还补充了一句："人病舍其田而芸人之田，所求于人者重，而所以自任者轻。"这句话的意思是，人最大的毛病往往在于自己家的田地不管，却跑到别人家的田里去除草。你看现在很多人都是这样，自己那摊子事没搞好，很多重要的事还没做，整天想着怎么拯救他人，怎样帮别人解决细节问题，到最后发现，自己最重要的那块田还一直荒着呢！所以，孟子就觉得很奇怪，你为什么总喜欢帮别人干活呢？本来你自己的责任就很重，你却把力气用在别人身上，还觉得自己已经做得很好了，而实际上，这都是因为你对自己要求太低了。

这让我想起了古代一副对联："以责人之心责己则寡过，以恕己之心恕人则全交。"就是说你跟别人交往的时候，要用责备别人的心来责备自己，这时你肯定会给自己挑出一大堆毛病；同时，你如果用宽恕自己的心来宽恕别人，你就会看到别人的很多优点，忽略他们的很多缺点，也能够跟别人交往很长时间。

所以，孟子的本意就是希望我们多在自己身上用力，不要总想着去耕别人家的田。像尧、舜、汤武这些人天性仁义，他们每天不断地修身，不断地反思自己，为下面人做表率，才实现了后来的仁政。

儒家提倡的个人道德修养和立身治世的四步骤，即修身、齐家、治国、平天下，修身是实现"平天下"的基础，一个人不能因为获得了成就，就忘记了修身。就像曾国藩说的那样，在任何时代，修身立志都是一个人成就事业的根本。

> 贤者以其昭昭，使人昭昭；今以其昏昏，使人昭昭。
>
> ——《孟子·尽心下》

让自己保持探索之心

过去有一句老话，叫作外行领导不了内行。这话看似有一定的道理，但是细想起来，你会发现，现在有不少优秀的人不一定是业绩最好的，而业绩好的人也未必就能领导他人，关键还是要看这个人是不是有魄力，有没有探索之心。因为这个世界一直都在向前发展，故步自封，不思进取，总有一天会被淘汰。即使是一名经验丰富的老师，如果每天在给学生讲课以前，没有进行系统的备课，对自己所要教授的内容不进行巩固探索，那么在家长眼中，这个老师的教学活动就是误人子弟，在学生眼中，这个老师也会丧失威信与形象。

曾经有一个姓吴的语文老师,他在第一天与学生见面时,非常热情地向学生介绍自己说:"我是你们的语文老师,我姓吴,口天吴,我今后要用我的'口'让你们感受语文的天地。"

学生们听了他这段新颖的自我介绍,瞬间对这位老师产生了好感,都期待着能向这位吴老师学到更多的东西。

但是,时间一长,同学们发现这位吴老师讲课总是讲错,渐渐就失去了对他的尊重。究其原因,就是因为他总是"临阵磨枪",一直都在用自己从前的教案给学生授课。用其他老师的话讲,就是课前不备课、课后不磨课,对学生突然产生的疑问没有丝毫准备,因此导致他经常在学生面前出丑。

"要给人一碗水,自己先要有一桶水。"这就是今天经常用来形容教育者的话。教育者自己要先受到教育,拥有深厚的知识,然后才能去传授知识,教导别人,否则你拿什么来为人师表呢?

但是,这种现象在我们的生活中却非常常见。我就经常见到一些人,自己明明不懂如何做销售,却堂而皇之地开课去教别人如何做销售、如何提升业绩。还有一些人,自己对科研一窍不通，却去教别人怎么做科研，你觉得这些合理吗？如果一个不懂管理的人去管理一家大企业，一个不懂政治的人去管理一个国家，那就更糟糕了！

孟子曾经告诫我们："贤者以其昭昭，使其昭昭；今以其昏昏，使其昭昭。"意思就是说，贤德的人，对于一件事情会先让自己明白，然后再使别人明白；如果你自己对一些问题都没有搞清楚，就想让别人清楚，那显然是不可能的。孟子的这句话其实就是《大学》当中讲的"自明明德"，然后可以修身、齐家、治国、平天下。其中，修身就是自己"昭昭"，而齐家、治国、平天下则是"使人昭昭"。你自己不修身，不努力提升自己，只要求别人提升，那不就是"以其昏昏，使其昭昭"了吗？

最典型的两个故事，就是尧、舜和桀、纣的故事。尧、舜自己首先以身作则，孝敬师长，施行仁政，所以才赢得天下百姓的拥护，大家对尧、舜都心悦诚服，尧、舜也成为历代帝王所尊崇和学习的圣明君主。相反，桀、纣自己荒淫无度，却要求臣民顺从恭敬自己，最后惹得百姓群起而攻之，自己也落得个亡国丧命的下场，显然这就是"以其昏昏，使其昭昭"了。要是现在人还抱着这样的态度去工作和生活，绝对死路一条。这个世界最可怕的事情就是永远不下场工作，只站在旁观者的角度去批评他人。虽然这样做很容易，但却是最不负责任的表现。

当然，不管在生活中，还是在职场上，大部分人还是能对自己不懂的事物进行学习和探索的，并且每个人在做事时也会经历一个从"昏昏"到"昭昭"的过程，而这也让我们自己的能力不断得到提升，生活变得日益丰富起来。这是一种很好的现象。

遇到自己不会、不确定的知识时，愿意不耻下问，就像《论语》中孔子和子贡的对话中说的那样。子贡问孔子："孔文子何以谓之文也？"为什么要给孔文子[①]一个"文"的谥号呢？孔子回答说："敏而好学，不耻下问，是以谓之文也。"因为孔文子聪敏、勤勉而好学，不以向地位卑下的人请教为耻，所以给他的谥号就叫作"文"。

这也提醒我们，要做成一些事情，获得一些成就，首先要有一颗探索之心，不断学习和掌握更有利于自己成长的知识和经验。坚持下去，总会有所收获。但是，如果经常不懂装懂，好为人师，那只能让自己活在一个狭小的范围内，坐井观天，看着天空的一角，还以为自己看到的就是全世界呢！

---

① 孔文子指卫国大夫孔圉。——编者注

> 尧舜，性之也；汤武，身之也；五霸，
> 假之也。久假而不归，恶知其非有也。
> ——《孟子·尽心上》

通过不断学习提升自身能力

一个人是否具有杰出才能，外界普遍存在两种说法：一种说法认为，能力是与生俱来的，有些人生来就是为了做大事，因为他身上具备其他人没有的特质，是天生的领袖；另一种说法认为，人的能力可以通过后天培养出来，这需要漫长的过程和复杂的经历，一个人需要在各种环境和条件下不断地磨炼自己的心智，增长自己的见识，感受不同的人性，进而不断提升自己的各种能力。

对比两种说法，古往今来的各种典故证明，后者更能站得住脚。比如，古马其顿的亚历山大大帝师从亚里士多德，有圣贤的教导，才具备了卓越的见识；西汉开国皇帝刘邦，自己的能力不算突出，但他从善如流，虚心听取别人的建议，才有那么多能人志士相助；晋文公重耳为躲避灾祸，在外流亡十九年，但始终谦虚好学，善于结交有才能的人，因此得以成就一番霸业……这些历史上的伟人，无一不是通过后来的学习和感受，使自己的能力得到质的飞升，最后终于成为一国领袖的。

《孟子·尽心上》中写了这样一段话："尧舜，性之也；汤武，身之也；五霸，假之也。久假而不归，恶知其非有也。"意思是说，尧舜能够施行仁义，是因为他们天生就是这样的圣人。商汤和周武王虽然不是天生的圣人，但他们身体力行，修身以德治，慢慢便形成了仁义之道。而春秋五霸是假借仁义之名来完成他们的霸业，虽然这样不对，可是他们如果能假借仁义之名行一辈子仁义，又怎么能说他们没有真的拥有仁义呢？

孟子的这段话也体现出一种观点，即仁义和品德都可以通过后天的修行而获得。同样，作为仁德的衍生特质，我认为个人能力也可以通过修炼而获得提升。

我在刚毕业进入中央电视台工作时，并没有展现出所谓的工作能力。当然，我的工作性质也没有让我拥有展现个人能力的环境,就是一个平凡普通的打工仔,每天的工作内容也是简单地背诵稿件,录制节目。我后面所有的个人能力几乎都是在阅读图书过程中获得的。在阅读各个领域的图书时,我会将自身代入其中,从而获取了丰富的关于个人能力提升的知识。这些知识不论是对我后期管理企业和员工,还是做樊登读书,都展现出了强大的作用。

但是,很多人也发现,个人能力并不那么容易提升,或者说自己明明用了很多力气,提升仍旧不明显,这是什么原因呢?

我在讲《能力陷阱》时就提到,很多人无法提升自己能力的主要原因,在于他们自己走入了一个设定好的能力陷阱。

你要知道,就能力而言,你是否具备一定的能力,比如领导力、合作力、社交力等,与你是否擅长领导别人、是否喜欢与人合作是不在一个层面的。一个人因为擅长某些事,进而更加乐于进一步深入钻研,使自己的特长无限延长,这是好事。但是,这种习惯却会令自己在其他领域产生惰性,让自己没办法更好地吸收其他方面的知识,从而陷入能力陷阱之中。而在很多时候,我们是不能用以偏概全的态度为人处世的,就比如你经营一家公司,不但要精于主营业务,还要学会如何处理员工关系、如何提升公共关系维护效率、如何管理各种有形无形资产、如何妥善应对突发事件和危机公关等等。

当然，我们也不可能在所有领域都做到精通，但是一定要懂。拿经营公司来说，你需要懂得一个公司运转所有层面的内容，清楚、全面地了解公司所处的现状，据此做出合理的决策，引领公司走向正确的未来。这时，如何全面地提升自己在各方面的能力，就涉及一个学习的舒适区问题。也就是说，我们需要走出自己的舒适区，逼迫自己不断去学习新的知识，丰富自我认知。而其中一个有效的方法，就是去模仿各个领域内那些特别优秀的人，将自己代入他们的角色，然后在模仿中向他们学习各种做事之道。

比如，孟子曾提到过"春秋五霸"，他们所做的一切事情都是为了实现自己的霸业，因此所做的仁义之举其实也只是一种图谋霸业的手段。但是，他们在这种行动中慢慢地感受到了仁义带来的力量，最终也让自己一生都贯彻仁义之道。这就是"以行代知"，从而达到"知行合一"的目的。

因此，我们在为人处世过程中，坚持学习他人优秀的做事方式，当行动累积到一定程度后，自然就能让自己的认知和能力提升到更高的维度，从而做到知行合一，让自己在擅长的领域大展宏图。

第三章 做人有道，做事有术

以佚道使民，虽劳不怨；以生道杀民，虽死不怨杀者。

——《孟子·尽心上》

"菩萨心肠"和"金刚手段"

我在书中看到这样一个小故事：

曾国藩为政期间，经常要外出带兵打仗，但由于他自幼学的就是一些儒家仁爱的观点和主张，所以每次上战场杀敌，凯旋后，都会陷入深深的自责，觉得自己杀人伤人太多了，很不好。

他的一位朋友知道这件事后，就送给他一副对联，写的是："用霹雳手段，显菩萨心肠。"曾国藩看到后，很是感慨，自此就把这句话当成了自己的座右铭。

这副对联其实是说，我们对人对事要分清主次。做人，肯定要慈悲为怀，要有菩萨心肠；但做事的时候，就需要使用一些铁腕手段、霹雳手段。善于做人做事的人，就算是实施一些铁腕手段，也能得到别人的理解和支持。

这一点不管是在古代，还是在今天，都体现得十分明显。比如古代的一些国家之间发生战争时，如果出现打不过敌国的情况，守城的头领就会动员城里的百姓一起拿起刀枪棍棒，抵御外敌。虽然明知道这样会让很多百姓牺牲，也必须这样做。而老百姓明知道前线危险，甚至会因此失去生命，也会毫不犹豫地冲上去。因为大家知道，这都是为了自己和家人的安全，为了能过上安稳的日子，即使自己在战争中受伤了、牺牲了，也是值得的，不会去埋怨那个让他们上战场的人。

如果大家看过关于王阳明的故事，应该会了解到王阳明平叛的时候杀了很多人，但史书并没有将他写成是嗜杀者，因为他杀人的目的是保全更多的百姓，保一方安宁。他虽然在平叛时采用的是金刚、铁血手段，但对百姓却是仁慈的。

孟子曾说："以佚道使民，虽劳不怨；以生道杀民，虽死不怨杀者。"为了让百姓生活安逸而驱使百姓从事劳役，百姓即使劳累，也不会怨恨；为了百姓的生命安全而去杀那些不得不杀的人，被杀的人虽死也不会怨恨杀他的人。这一点放在现在同样说得通。比如我们今天要创业，如果发现一起创业的人不适合这份事业，为了整个团队的发展，可能需要解雇他，这就相当于古代人说我要动手杀人了。那么怎样解雇这个人，才不会让他怨恨你呢？

我在《可复制的领导力》中曾提到，我们在创业时，要把公司当成一支球队，而不是一个家。因为你把公司当成一个家，并且经常跟团队伙伴说"我们都是一家人"的话，那么作为家庭的一分子，被解雇时就会难以接受：原来你会为了公司的利益、前途而随便放弃"家人"呀！所以，当你对跟你一起创业的人说"我们是一家人"的时候，就相当于向对方做出了承诺，自己在任何时候都不会放弃对方，但这恰恰是创业时无法做到的。

相反，如果我们把公司当成一支球队，球队的目标是什么？是赢球。大家聚在一起也是为了进步，为了让团队更加优秀，赢得最终的胜利。如果团队中某个成员与整个团队的努力方向不一致，就会增加团队的内耗，你本来每天应该想着如何让团队变得更好、发展更快，现在却要每天想着怎么去调和内部矛盾，这就容易错失很多宝贵的发展机会。为了大家共同的目标，你就需要采取点"金刚手段"，对团队成员做一些调整也是完全正常的。以这样的方式去解雇人，就能比较好地顾及被解雇者的面子，不至于招致对方的怨恨。

日本经营之神稻盛和夫在《心与活法》中引用了王阳明的一句话："小善是大恶，大善似无情。"稻盛和夫指出，只懂得仁爱谦让的经营者，无法真正地经营好企业；而仅仅有严厉的态度，也不会有人追随；只有将两者融为一体，才能成为一个真正的经营者。

经营人生也是如此。如果你在别人眼中一直都是菩萨心肠，做事也是菩萨手段，为了让周围的人拥护自己，平时对大家都是有求必应，放任自流。一旦遇到困难，不能再为别人提供帮助时，有的人可能就会说："明明平时那么好的人，怎么一下子变成这样了？原来以前都是装出来的呀！"即使平时跟你关系比较好的人，从此可能对你也不会再有好印象了。

但是，如果我们平时能帮助别人时，就尽己所能地帮助别人；如果不能帮助，就坦然、直接地拒绝对方，让对方寻找其他的出路。这样看起来很无情，其实恰恰是为了自己好，也为了大家好。这才是"大善"。

所以你看，不管是古代的孟子告诫国君如何管理国家，还是今天的稻盛和夫告诫企业管理者如何管理员工，抑或我们如何管理自己的人生，其底层观点都是相通的。在考虑问题时要有菩萨心肠，在解决问题时就要使用金刚手段。遇到困难时，也不要含含糊糊，必须采用干脆有效的策略去解决。但在考虑问题时，就要尽量照顾到方方面面的诉求，不要图一时痛快，留下难以弥补的后患。

> 以力服人者，非心服也，力不赡也；以德服人者，中心悦而诚服也。
>
> ——《孟子·公孙丑上》

做事要以德服人

我们在生活中可能都听过这样的话，甚至自己也说过，就是："凭他的德行，还能做出这种事？"

这句话就引出一个问题：做事与一个人的德行有关吗？

要弄清这个问题，我先给大家讲个小故事。

清朝末期，有个商人在做生意时遭遇失败，损失惨重，急需大笔资金用于周转。由于所需资金数额巨大，放眼当时的天下，可能只有胡雪岩的阜康钱庄才有能力筹集。

于是，这个商人就找到阜康钱庄的主人胡雪岩，说明自己的来意，并主动开出低价，请求胡雪岩收购自己的产业，帮自己渡过难关。胡雪岩听完商人的话，立刻安排手下人去调查商人的话是否属实。得到确切的汇报后，胡雪岩二话没说，直接按照市场价收购了商人的产业。

商人十分惊喜，同时心中也暗暗疑惑：为什么有这样的大便宜，胡雪岩却不占呢？

胡雪岩看出了商人的疑惑，就告诉商人说："你放心，我现在只是帮你代管一下这些产业，等你挺过这一关，随时都能来赎回你的东西。"

在胡雪岩的帮助下，商人很快克服了困难，最终还成了胡雪岩忠实的合作伙伴。

你看，一个人要想把事情做好，首先要把人做好。你的人品好、德行好，才能赢得别人的信任；别人信任你，才愿意尊重你、帮助你。

孟子在他的著作中曾多次论述德行对治理国家的重要性。他说："以力服人者，非心服也，力不赡也；以德服人者，中心悦而诚服也。"你用武力去征服别人，别人并不会真心服从你，只不过他现在力量不够罢了；只有用德行让人归服，他才会心悦诚服。这个观点引申到现代生活中同样适用。一个品行不端、德行不佳的人，很难让周围人信服他、尊敬他，也很难与人建立长期的良好关系。相反，品行高尚、胸怀宽广的人，不但会受到周围人的喜欢和信任，其身上表现出来的个人魅力还会对有德有才之人产生磁石般的吸引力，继而形成人才聚集的洼地效应。

我们在看《三国演义》时，经常说刘备的天下是哭来的，其实应该说，刘备的天下是用他的德行赢来的。刘备出身贫贱，从最初的一无所有到最后称霸一方，离不开他的广结人心。他跟关羽、张飞桃园三结义，此后几十年始终相互扶持、肝胆相照。

曹操在攻打荆州时，刘备打不过曹操，只好撤退。在撤退途中，有几万百姓甘愿拖家带口追随刘备。身旁人觉得这样撤退太慢了，耽误事儿，都劝刘备丢下百姓。刘备却说："夫济大事者以人为本，今人归吾，吾何忍弃去！"这一举动为刘备赢得了无数人心。

如果大家看过《方世玉》这部电影，对里面的反面人物雷老虎应该还有印象。雷老虎的经典台词就是"我都是以德服人"，给观众留下了深刻印象。但这个"以德服人"不能光说说而已，你要做出来才行。如果嘴里天天说"以德服人"，却不懂得尊重别人，对别人的意见、观点不理会、不尊重，什么事都想自己做主，一意孤行，试想一下，这样的人怎么能赢得他人的信服呢？

当然，德行不是作秀，也不是让人屈服，就像印度那句谚语一样："你可以把牛牵到河边，但你没办法让牛喝水。"用强硬的手段是解决不了根本问题的。想要让人喜欢你、信任你、追随你，最终还是要靠德行说话。就像孔子的七十二个弟子一样，他们就是因为佩服孔子的德行，才会心悦诚服地跟随他。

我在讲课过程中，经常会提到一个词，就是修行。修行到底要修什么？修的就是德行。在修行过程中，我们要不断审视自己、鞭挞自己、历练自己，从而改变自己，达到一定的人生境界。

我在讲《匠人精神》时，曾详细讲过这本书的作者——日本木工业传奇人物秋山利辉。他创立了"秋山木工"这个品牌，专门为日本宫内厅、迎宾馆、国会议事堂等定制家具。但他在经营自己的企业时，最强调的就是"先德行，后技能""己成，则物成"的大道。他还创立了一套自己的人才育成法则——匠人须知30条，但其实这30条须知只阐释了两个字：做人。

所以，秋山利辉在带徒弟过程中，60%的时间都在教他们做人，只有40%的时间是在教技术。正是这60%的做人，决定了一个人能否成为一名真正的工匠。他说："真正顶尖的人、大师级的人，都是'德'在前面。技术容易超越，但精神却无法被模仿。有了德行和精神，才能走得很远很高。"

我们在经营人生的过程中，也应该像秋山利辉一样，把德行当成人生的信条；或者像《诗经》中说的那样："自西自东，自南自北，无思不服。"从西到东，从南到北，没有不佩服你的德行的。做到这些，你的大事也就成了。

徒善不足以为政，徒法不能以自行。

——《孟子·离娄上》

有善心，也要讲方法

前段时间我跟一个朋友一起吃饭，他说公司里的部门经理离职了，老板有意让他来担任部门经理，问他有没有什么意见。

他跟我说，他很纠结，虽然很想挑战一下自己，但之前从来没有带过团队，万一自己带不好，影响工作不说，还可能影响与同事、领导之间的关系。最后搞的同事也得罪了，工作也没有了，得不偿失。

我对这位朋友的顾虑很理解，尤其是之前没做过管理的"小白"，遇到这种升迁机会会特别茫然。而且我对这位朋友的性格也很了解，他的工作能力很强，但有一点，人太善良，太好说话，不懂拒绝，做领导的话可能需要磨炼一段时间。

可能有人不理解：难道善良也是错？难道只有恶人才能做领导？

善良当然不是错，罗素就曾经说："在一切道德品质中，善良的本性是世界上最需要的。"而且善良的人也完全可以做领导，还能做个好领导。但是，这里有个前提，就是你一定要让自己的善良有底线、有原则。而且在与别人打交道时，一定要让对方知道你的底线和原则，这样既不会伤害别人，也不会让自己受伤。在与人相处过程中，你可以和蔼友善，但在面对具体事情时，切不可圣母心泛滥，无限慈悲，这样不但做不好事情，还可能助纣为虐，被人利用。

孟子有一句话，叫"徒善不足以为政，徒法不能以自行"。从字面意思理解，就是一个国君仅仅心存善念是不足以为政治国的；同样，法令也不会自动自觉地发生效力。这句话用到现在，就是告诉我们，做任何事都不能仅仅依靠善心、仁念，没有好的做事方法，你就不能落实措施，解决问题；而光有方法、法令、规制，却没有针对性的方法，即使事情看似摆平了，实际效果也不好。

这种情况不难理解，比如我在给一些企业做培训时，就有企业领导问我："樊老师，我对下属特别好，我们整个团队氛围也特别好，可为什么就是不出成绩呢？"这些领导认为，只要我善待下属，把团队氛围营造好，大家就能主动工作，主动完成任务。这种做法就叫徒善，是做不好管理的，因为经营公司还要涉及很多流程、规定、策略、方法等，你不能有效实施，就不可能收到好的结果。

还有一种情况，有些公司动不动就引入一些所谓先进的管理制度、业务模式等，说出来都漂亮得很，但实施下来却发现全是问题，根本行不通。或者有些公司喜欢组织员工去学一些课程，这些课程告诉你，只要你学会怎么分钱，或者学会怎么激励，公司团队就会自行运转，根本不需要管理。这些其实都是不可行的。有些管理培训确实有用，但你千万别以为只要引入一套能让整个团队自行运转的体系，就能让公司运转了。如果事情真这么简单，那公司就没有倒闭的了。

不管是管理国家、管理公司，还是我们在生活中做其他事情，道理都是相通的。对此，孟子给出的解决方案是：一定要把善心和方法、策略结合起来。思想工作要做，流程工作也不能忽略。

历史上有很多有善心却治理不好国家的君王，比如孟子一直游说的齐宣王就是个典型的例子。齐宣王看到牛因为祭祀要被杀掉而吓得瑟瑟发抖时,都会心存不忍,希望用羊来代替,但他却不懂得把这种善心和仁心用在百姓身上,实施仁政,所以齐国也不能"王天下"。

还有南北朝时期的梁武帝,一生吃斋念佛,祭祀时都不用牛羊牺牲,而是用谷物代替;有死刑的时候,还会为犯人涕泣,够仁慈了吧?可是他也没有管理好自己的国家,导致贵族子弟骄纵不法,侯景起身反叛,最终天下大乱,自己也没能得到善终。

所以孟子说:"离娄之明,公输子之巧,不以规矩,不能成方圆;师旷之聪,不以六律,不能正五音;尧舜之道,不以仁政,不能平治天下。"连离娄这样耳聪目明的人,公输班这样有能力有技巧的人,如果没有圆规和尺子,也画不出方形和圆形;师旷这么厉害的音乐家,如果没有六律作为准则,也不能够正五音;尧和舜这样的好帝王,如果不实施仁政,也不能够平治天下。这些都是标准、规范、原则性的东西,是成功做事的前提,你不遵守,不实施,肯定就做不好该做的事。

治理国家,君主不但要有仁心,还要实施仁政,仁心与仁政结合起来,才能从根上治理好国家,实现"王天下"。我们做其他事也是如此,既要有善心善德,同时还要坚守底线、原则,讲究策略和方法,这样才有可能把事情做好。徒善,有其心,无其政;徒法,有其政,无其心。这两者都做不好事情。

以若所为，求若所欲，犹缘木而求鱼也。
——《孟子·梁惠王上》

方法不对，终会劳而无功

我们经常说，越努力的人会越幸运，可有些时候，如果你用的方法不对，越努力反而会越绝望、越劳而无功，甚至还会南辕北辙。

在我认识的一些人中，有的人本来很有能力，但做事总做不到点子上。他们并不是不努力，相反，他们可能比其他人更努力，可自己的境遇一直没什么起色，甚至越来越难。有时我跟他们聊天，他们会特别沮丧地问我："樊老师，你看我每天任劳任怨，不偷懒，不耍滑，可想做出点儿成绩怎么就这么难呢？"

其实他们没搞明白，成功从来不是靠蛮干的，虽然很多人信奉"一万小时定律"，信任"刻意练习"，但它并非万能，有些时候或有些事情可能并不适用。只有找到最适合自己的做事方法，你才能成功。

孟子与齐宣王的对话就非常深刻地说明了这一观点。孟子认为，齐宣王想学齐桓公、晋文公，以"霸道"的做法来治理国家并不可取，更不可能实现整个中国的大一统。所以孟子说："以若所为，求若所欲，犹缘木而求鱼也。"以你现在的做法，要让周围的国家都来归顺齐国，把齐国当老大，简直就如缘木求鱼。你爬到树上去捉鱼，可是树上根本没有鱼，你的目的怎么可能实现呢？说白了，就是你这个方法根本不可行。

在创业圈里流传着这样一句话："创业是个高风险行业，失败是必然的，成功是偶然的。"这与古时候那些诸侯国想要一统天下的道理是一样的。但是，为什么还是有人能创业成功呢？那是因为创业的风险值与创业者的能力有关。很多人都认为，创业者都是披星戴月但仍然苦路漫漫，我认为这是一个错误的观点。我在讲课时经常跟大家讲，当你正在创业，或者在做其他事情，比如打工、教学、做科学研究，甚至是管教孩子时，如果感觉很辛苦、很有压力，往往是因为你没有找到更好的方法。

我上学时曾经勤工俭学，跟别人学修自行车。当我想把车胎从车轮上扒下来时，感觉好难呀，手都弄破了，也扒不下来。但是我发现，教我的老师傅却能轻轻松松地把车胎扒下来，一点儿都不费力气，这是因为人家比我更早找到了方法。而我没有掌握正确的方法，只能使蛮力，有时可能使再大的劲儿也没用。

在孟子看来，齐宣王当时的所作所为根本就不是实现目标的正确方法，不但会给老百姓带来灾祸，"仰不足以事父母，俯不足以畜妻子，乐岁终身苦，凶年不免于死亡"，还会给自己招来灾祸。老百姓的日子过不下去，什么放辟邪侈、妖魔鬼怪的事情都出来了，你的国家怎么能安宁？所以这种做法根本不可行。

那什么样的方法才可行呢？

就是孟子一直倡导的"行王道，施仁政"，通过仁政让百姓丰衣足食，不饥不寒，之后再教化他们走上善良的道路。这时你再来管理百姓，百姓也更容易听你的话了。

这里面有个道理，我觉得特别有意思，就是孟子对齐宣王说的，"此惟救死而恐不赡，奚暇治礼义哉？"。意思是说，当老百姓生活在困苦之中时，仅仅让自己摆脱死亡都很难，哪里顾得上讲求礼仪呀!

我有时跟一些年轻人聊天时,会问他们都在忙什么,有的人就说:"我正忙着完成绩效任务呢!"还有的说:"我正为升职加薪努力呢!"听起来好像都很有干劲儿的样子,但我却不赞同他们的这些做法。如果每个人都为了完成绩效指标、获得升职加薪而忙得没时间休息,没时间陪家人、陪孩子,甚至连睡觉的时间都没有了,怎么还能有时间和精力去做创新的事?怎么还有时间去学习、去进步?这就与"奚暇治礼义哉"是一样的道理。

我之前跟我儿子的校长聊天,校长就告诉我一件事,说他们学校里有个孩子,父母给他报了40个校外班。这是什么概念?简直比在学校里上的课还多呀!结果怎么样?孩子每天忙得像个陀螺,光顾着上课的事了,根本没时间思考,没时间放空,更没时间慢慢体会自己所学的东西,每天都处于一种焦虑状态,我认为这并不是一种好的培养方法。

所以说,大到治理一个国家,小到管好一个孩子,都一定要找对方法。对于治理国家来说,国君要先让百姓的生活变得富裕,之后再教他们礼义廉耻才有效;对于管教孩子来说,你要先让孩子放松下来,这样他才能学会调节自己,之后有更充沛的精力去学习、去创新,成长为更优秀的人。

如知其非义，斯速已矣，何待来年？

——《孟子·滕文公下》

有过错就要及时改

我在讲《论语》时，曾讲过发生在孔子身上的一个小故事。

有一天，孔子到了武城，武城宰正是孔子的学生子游。孔子见子游把武城治理得不错，到处都是琴瑟歌咏的声音，就微笑着说："杀鸡何必用宰牛的刀呢？"显然，孔子是没把武城这个小地方放在眼里，觉得子游治理这么个小地方，没必要花费这么大的力气。

子游听了，有些不服气，就对孔子说："我以前听先生说过，'君子学习了礼乐之道就能爱人，小人学习了礼乐之道就容易使唤'。"意思是人们学习了礼乐之道,就都能努力为社会做事,成为有用之人。

孔子听完后,忙对身边的其他学生说:"言偃(子游的名字)的话是对的,我刚才只不过是开个玩笑而已。"

孔子说错了话,被自己的学生指出来,他马上当着众多学生的面承认错误,这也是孔子的不凡之处。

这让我想到了我们在生活和工作中遇到的一些人,尤其是有些身份、地位的人,明明自己犯了错,可一旦被别人当众指出来,马上就会翻脸,觉得有损于自己的威信和颜面,更别说立即改正了。更糟糕的是,有些人还会把责任推给其他人,让别人替自己"背锅"。

我对这些人的这种做法非常不认同,觉得他们这样做太缺乏格局。做事要想成功,赢得别人的认可,靠的不是你的身份、地位,而是明确的自我认知能力和很强的执行能力。对于错误,更应该身体力行地快速改正,给身边人做出一个好榜样。

在《孟子·滕文公下》中,记载了一个令人啼笑皆非的小故事。宋国的大夫戴盈之想要改革弊政,就来找孟子探讨,对孟子说:"我们想改革,把税收从原来的百分之二十降到百分之十,同时免除关税,自由贸易。但是,我们现在做不到一下子降这么多的税，就想先降低一部分，明年再完全施行，您觉得怎么样？"

戴盈之是想渐进式地推行降税政策，今年先少降点儿，明年完全推行。按理说这样做也没什么不对，如果孟子客气一些，可能就会表示同意，并且督促戴盈之去施行。但孟子这个人不会说客套话，而是给戴盈之举了个例子，说："现在有个人，每天都去邻居家偷一只鸡，有人告诉他，这样做不对，不是君子之道。他就说，那我少偷些吧，以后每个月偷一只，等明年我就完全不偷了。"

看到这个故事时，我都忍不住笑了，孟子讽刺人的技术也太高了！你明明知道原来的做法是错的，就应该马上革除其弊，为什么还要等到明年呢？

虽然是讽刺的话，但从一定程度上来说还是很有道理的。不管做任何事，关键在于知错就要马上改正，而不应拖拖拉拉，更不应明知犯了错，还为自己的错误找借口开脱。

跟孟子的这个比喻最接近的一种现象，就是戒烟。我原来讲过一本专门帮人戒烟的书，叫《这书能让你戒烟》，后来经常有人跟我说："樊老师，真的感谢您讲了这本书。我就是听了您讲的这本书后，把烟瘾戒掉了。"我每次听到这样的话都很高兴。

在我们很多人的观念中，认为戒烟就要循序渐进地戒，比如以前你一天抽一包烟，现在就减少一些，两天抽一包，再到三天抽一包，慢慢减少，直到彻底戒掉。这本书告诉你，你这样是不可能戒掉烟瘾的。只要你决定戒烟了，最有效的方法只有一个，就是立刻停止吸烟。

有的人可能说，我做不到马上不吸，怎么办呀？我认为，那是你还没有真正意识到吸烟的坏处。如果你自己查阅了相关的科学文献，完全了解到吸烟的坏处，就会意识到吸烟这件事真的是非常有害健康的，甚至你看到别人吸烟都会同情他们。这个时候，你立刻让自己戒烟，一定可以戒掉。

孟子的观点正是如此，只要你意识到了错误，就应该马上改正，不要拖沓。立即改正错误的好处在于：对自己来说，你做到了正视自我、勇于改进，而且减少了犯错的心理成本；对别人来说，你降低了对方受到的感情伤害，而且获得了补救的时机和可能。所以，孔子在《论语》中也指出，真正的君子是不回避自己的错误的。孔子的学生子贡也说："君子之过也，如日月之食焉：过也，人皆见之；更也，人皆仰之。"意思是说，君子也会有过错，他的过失如同日食和月食，之所以这样，是因为君子不掩饰自己的过失，因而发生时人人都能看得到。君子有了错误，能认识到自己的错误，并且能够及时改正，这并不丢脸，反而还能得到别人的敬仰呢！

> 何必曰利？亦有仁义而已矣。
>
> ——《孟子·梁惠王上》

学会从更高维度解决问题

最近几年，有一句话在社会上流传很广，就是：没有永恒的朋友，也没有永恒的敌人，只有永恒的利益。上至国家大事，下至朋友之间，说者理直气壮，听者点头认同，仿佛这就是天理一般。

我们如果在网上搜一下这句话的出处，就会发现这句话出自 1842 年 3 月 1 日，是英国议员帕麦斯顿在议会上回应反对党关于英国外交政策的质疑时说的话。他的原话是："我们没有永远的盟友，也没有永远的敌人，但英国的利益是永恒不变的，我们这些人的职责就是为国家谋求这些利益。"

这句话后来有多种译法，流传最广的就是"没有永恒的朋友，也没有永恒的敌人，只有永恒的利益"。而后面一句最关键的话，却被大家给省略了。

我在跟朋友聊天时，也会聊到这个话题，大家内心都有疑惑：难道现代社会，真的只有"利"而没有"义"了吗？

从一定程度上来说，"利"确实是我们回避不了的话题，不管是朋友、家人之间，还是做生意、经营公司，都离不开"利"。否则，大家的生活就没有保障，企业就不能发展，社会也不能进步，国家也不能富强。因此，谈"利"无可厚非。

但是，在我们的人生中，获利却不是唯一目的，这一点早在几千年前孟子就已经参透了。在与梁惠王的一段非常著名的对话当中，孟子便提出了关于"利"的主张。

梁惠王这个人在历史上很有名气，很多人都以为梁惠王是梁国的国君，其实不然，他是魏国人，也叫魏惠成王。只是后来魏国被秦国打败，国都迁到了大梁，也就是今天的开封，魏惠成王才成了梁惠王。

当时，各国之间的纷争十分激烈，梁惠王也派使者四处访求贤人，孟子就是在这个时候来到魏国的。两人见面后，梁惠王就问孟子："您不远千里而来，一定能给我们的国家带来很大好处吧？"

如果你读过关于孟子的书，就一定知道，孟子一直主张的都是仁义之道，最不喜欢的一个词就是"利"。所以听梁惠王这么一说，他直接就顶了回去，说："您为什么张口闭口都说'利'呢？我觉得有仁义就足够了。如果大王说'怎样才对我的国家有利？'，大夫说'怎样才对我的家族有利？'，一般的士子百姓说'怎样才对我自身有利？'，上上下下都只看到'利'，那国家就危险了。"

孟子讲的道理很简单，如果在一个国家内，从高高在上的国君，到民间的普通百姓，每个人都利欲熏心，想的都是自己的利益，眼里也只有自己的利益，那谁还会管国家呢？国家不就危险了吗？

其实不光梁惠王如此，当时很多人看到的都是最直接的"利"，而不是"义"，就连诸子百家中的一些大家也都主张以"利"为先，比如当时的杨墨两派（杨朱派与墨翟派）。《孟子·尽心上》中就曾说："杨子取为我，拔一毛而利天下，不为也。墨子兼爱，摩顶放踵利天下，为之。"意思是说，杨朱主张一切都为自己，哪怕只拔一根毫毛就对天下有利，他都不干。墨子呢，主张兼爱，磨秃头顶，走破脚跟，只要对天下有利的事，什么都肯干。墨子只有天下，没有自己，听起来这是好事，但孟子却一并批评了他们，为什么呢？因为他们都是从"利"的角度出发来解决问题的，所以孟子非常不客气地说："杨朱利己，是无君也；墨子兼爱，是无父也。无父无君，是禽兽也。"杨朱只为自己，那是无君；墨氏无差别地爱一切，那是无父。心中无君无父的人，那就是禽兽了。

那么，是不是人就完全不能讲"利"呢？

当然不是。北宋理学家程颐就曾说过："君子未尝不欲利，但专以利为心则有害。惟仁义则不求利而未尝不利也。"意思是说，君子做事并不是不要利，只是一心只想着利益，不想仁义，才会有害。而行仁义、施仁政的人，虽然没有求利，却能无往不利。尤其在人人都讲利益的时候，你讲仁义，就更能拔本塞源，以救时弊。这是孟子的圣贤之道，也是治国之道，同时也是今天我们的为人处世之道。

我最近刚刚读完一本书，书名叫《解惑》，它的作者是一位非常著名的整体思维学者。这本书有个观点认为，世界上有两类问题，一类叫汇聚性问题，一类叫发散性问题。

举例来说，我们要造一些东西，如桌子、自行车、电视机等，最后造出来发现，这些东西不管在哪里造，造出来的样子都大同小异。这就叫汇聚性问题，是可以用标准来解决的。

而发散性问题就很难用统一标准来解决了，比如你在公司里面是一个管理者，是自己亲力亲为多一点，还是放手多一点，亲力亲为或放手又要到什么程度，这个度不同的人就有不同的标准。

在孔子看来，解决这类问题的方案是中庸之道，你自己去把握那个度就好，但这个操作难度又非常大，因为我们很难准确地找到中庸的那个点。

《解惑》这本书的作者认为，面对任何两个需要平衡的观点，到最后我们真正要解决的都不是要选择哪一个观点，而应该从更高维度出发去解决问题。这个更高维度，就是如何让身处矛盾中的每个人都变得更好，这样矛盾才能从根本上得到解决。

所以，发散性问题的答案并不都来自问题本身，而是来自一个更高的维度。我在讲"领导力"时，就经常跟我的团队成员说，我们的团队到底是放权多一点好，还是管理多一点好，这些都不是最重要的，重要的是我们如何调动团队中每个人的积极性和成长型思维，让员工与我们一起成长，一起为公司发展努力，这才是解决问题的有效方案。如果大家脑子里每天想的都是考核、任务、绩效目标，眼里只有"利"，那就没有了人情味，大家也都没有了理想和成长的动力，这样的公司注定难以走远，团队成员也难以有好的发展。

> 言近而指远者，善言也；守约而施博者，善道也。
>
> ——《孟子·尽心下》

学会"抓大"，善于"放小"

我在跟一些做企业的朋友聊天时，总能听到他们这样那样的抱怨："你说我手下那些人什么都做不好，怎么办啊？""要是下面人经验丰富一点，就不用我操心了……""跟他们交代一件事太费劲了，等说明白了，我自己早就做完了。"……

每当这些时候，我就会反问他们："你们为什么非要抓住一些细枝末节的东西不放呢？"他们就很疑惑，说："我不管，他们就做不好呀！出了问题，损失不还是我的？"

这种心情可以理解，但是这种做事风格我不大赞同。很多人在做事时，都容易分不清主次轻重，常常是捡了芝麻丢了西瓜，虽然能把一些细节小事做得很好，但总体成效却不大，因为这些琐碎小事已经占用了他们大部分的时间和精力，真正重要的大事反倒被他们忽略了。

事实上，在每一件事、每一项工作上，都包含有一些关键性的任务，也就是最后决定事情成败的关键环节。要把事情做对、把工作做好，我们就必须把注意力放在关键环节上。

我有一位朋友，因为工作业绩突出，被公司提拔为部门经理。最开始，他在给员工交代工作时，心里很惶恐，总担心员工做不好，把事情搞砸了。所以在布置完工作后，他还经常在员工旁边指导，有时索性亲自上手。

这样一段时间后，部门里的很多工作都是他和员工一起完成的，甚至有的干脆就是他自己完成的。这让他感觉每天都很累，还影响了自己的本职工作。我们多次聊过这个问题，我也劝过他很多次，给他提出了一些建议，他才逐渐意识到自己的问题，开始慢慢改进自己的工作方法。

一个经常忘记最重要事情的人，往往会沦为琐事的奴隶。有人说过这样一句话，我觉得特别好："智慧就是懂得该忽视什么东西的艺术。"你要想发挥自己的智慧和潜力,就要专注于自己的优势并一定有所回报的方面。你也只有坚持在自己的优势方面努力,这些优势才能得到进一步的发挥和发展。那些做事高效率的人士,就是善于寻找并设法控制一些最能影响他们做事的关键因素,这样,他们做事才会比一般人更轻松,也更容易出成绩。

战国时期,秦国为了富国强兵,进行了著名的商鞅变法。变法的条目事无巨细,在当时的秦国产生了巨大的效果。秦统一六国后,就把商鞅变法的模式推行到了全国。这时就出现了一个问题,六国之前一直有自己沿袭百年的文化与制度,而秦国严苛的法家思想并不适用于其他六国的老百姓。所以,刘邦曾多次感叹"天下苦秦久矣"。为了不再步秦朝后尘,刘邦在率军攻入咸阳时制定了一个十分简单而且名气绝不输给商鞅变法的规矩,那就是约法三章:"杀人者死,伤人及盗抵罪。"简单的十个字,就卸下了天下人沉重的包袱。这样一来,老百姓纷纷开始拥护他。

刘邦之后,汉朝又推行黄老之学,与民休养生息,开创了历史上著名的"文景之治"。而这一切的基础,仅仅是汉高祖刘邦提出的那简单的十个字而已。

孟子曾说过一句耐人寻味的话："言近而指远者，善言也；守约而施博者，善道也。"意思是说，用浅近的语言表示深刻的含义，就是高明的言论；遵守简约的原则，而实行时却处处可通，就是高明的做事之道。用一个我们熟悉的成语来理解的话，就是"大道至简"，也是我常说的，要学会"抓大"，善于"放小"。那些善于做事的人之所以比其他人做得好，也是因为他们做事时能够分清主次，善于从一大堆不重要的事情中提炼出最重要的事情，这样，他们就相当于为自己的杠杆找到了一个合适的支点，只需要动一动手指，就能移动原本即使用整个身体也无法撼动的沉重的东西。

第四章

与人结交,用人所长

> 子为长者虑，而不及子思，子绝长者乎？长者绝子乎？
>
> ——《孟子·公孙丑下》

能被人赏识是一种幸福

大家都读过"萧何月下追韩信"的故事。韩信本来很有将才，但因为刘邦不赏识他，他决定逃走，不跟着刘邦干了。这件事被萧何知道后，萧何什么都顾不上，立即骑马去追韩信，把韩信追了回来。之后萧何又向刘邦力荐，封韩信为大将军，最终刘邦在韩信的帮助下打败了项羽。

这个故事就说明一件事，有人赏识你，能够看到你的价值，欣赏你的才学，对你来说将是一件非常幸福的事。在必要的时候，这些人还可能为你创造机会，让你去发挥自己的潜力和价值。相反，如果你满腹才学，却没有人慧眼识金，那是非常令人惋惜和遗憾的！

孟子就曾经遇到过这样的事。在他准备离开齐国时，齐王并没有派人来挽留他，但有个人想替齐王留住孟子。不过，他的挽留方式却没有抓住问题核心，他既没得到齐王的指派，跟孟子也不熟，不了解孟子，就自己冒冒失失地来了，以为凭借自己的口才可以留下孟子，成就一段佳话。结果见到孟子后，劝说了半天，孟子也不搭理他，他就很生气。

孟子见状，便耐心地给这个人分析原因，说："昔者鲁穆公无人乎子思之侧，则不能安子思；泄柳、申详，无人乎穆公之侧，则不能安其身。子为长者虑，而不及子思，子绝长者乎？长者绝子乎？"以前的鲁国国君鲁穆公对待贤者子思，都是以师道尊之，派人侍候子思的饮食起居，所以子思才愿意留在鲁国为臣。如果没派人在子思身边侍候，鲁穆公就不安心，同时他也怕子思不安。泄柳、申详也是鲁国的贤臣，如果鲁穆公身边没有他们的人，他们自己也不能安心。

孟子这段话是在说，子思因为得到了鲁穆公的赏识、尊重和照护，才愿意留在鲁国做事。当然，这些照顾子思的人肯定也会经常在子思与鲁穆公之间传话，使两者互相了解，子思才能安心地待在鲁国。同样，像泄柳和申详这些贤臣，虽然得到的重视程度不及子思，但也有那些在鲁穆公身边的贤臣维护他们，让他们安心地做事。如果鲁穆公身边没有替子思、泄柳、申详等人说话的贤臣，没有人维护这些人的形象，那他们同样无法在国君面前安身立命。

这一点不难理解。大家应该记得《三国演义》中，诸葛亮到东吴劝说孙权，希望东吴跟蜀国联合起来抗击曹操，结果遭到了东吴诸谋士的责难，最后诸葛亮舌战群儒，把那些谋士驳得哑口无言。

我们在看这段内容时，都觉得诸葛亮好厉害，但其实我们还忽略了一个人，就是鲁肃。鲁肃非常赏识诸葛亮，经常在孙权面前说诸葛亮的好话，并且他还提前给诸葛亮"打预防针"，告诉诸葛亮不要在孙权面前说哪些话，怕诸葛亮年轻气盛，出言不逊，导致联合抗曹的计划破裂。正因为鲁肃在中间积极沟通，帮助双方在对方面前塑造了良好形象，才让孙刘联合成为现实。

但是，孟子在齐国却没有得到这样的待遇，就算有个人来挽留自己，也不是奉齐王之命来的，而他本人也不是什么荐贤之臣，连子思怎么被鲁穆公对待都想不到，自己就算留下来，又有什么意义呢？

我们发现，孟子之所以不愿意留在齐国，最本质的原因是他觉得自己获得的赏识和尊重程度不够。这就说到了我们身边要有什么人的话题。不管是在生活中还是在职场上,很多人觉得,我只要努力生活、好好工作,做出成就,别人就一定能看到。实际上还真不一定。

我之前讲过一本书,叫作《权力:为什么只为某些人所拥有》,是斯坦福大学的几位人力资源教授写的。他们研究后发现,职场中并不像我们想象的那样,认为只要我们干好活、做得好,就一定能得到好报,获得相应的权力。权力有它自己的运行机制,你做了什么事不重要,重要的是领导重视什么,你只有让领导注意到你,知道你在做些什么,并且想尽一切办法知道领导此刻需要完成的事是什么,才有可能被领导关注。简单来说,只有把业绩与政治技巧结合起来,你才可能得到晋升的机会。

所以,要想让领导关注你,同时你也了解领导所需,就必然要有中间人真正赏识你,并且他还能在领导面前说上话,愿意举荐你,为你说好话,你才能得到领导的重视。否则,就算你有能力、有成就,领导也不一定知道。

大家应该了解过袁崇焕和崇祯皇帝之间的故事。袁崇焕虽然是一介文人,却才能卓越,也很有勇气,自荐带兵去镇守辽东,功劳显著。

但是,他的悲剧就在于崇祯皇帝对他的猜忌。从某种意义上来说,他是很多人眼中的救世主,但也是某些人的眼中钉,魏忠贤遗党在崇祯皇帝面前说袁崇焕擅自议和,通敌谋反,所以最后袁崇焕便落得个身死名裂的下场。

生活中会有很多"千里马",但扮演"伯乐"角色的却不多,所以来自贵人的赏识和肯定,一定会给我们带来极大的激励作用。如果真的能够遇到生命中所谓的"伯乐",我们也一定要记得他们对我们的肯定,正因为有他们,我们才在成就自我的道路上少走了无数弯路。

> 左右皆曰贤，未可也；诸大夫皆曰贤，未可也；国人皆曰贤，然后察之；见贤焉，然后用之。
>
> ——《孟子·梁惠王下》

知人善用，才更易成功

不管是在历史上，还是在当今社会，发挥关键作用的从来都是人，所有的成功最终也都是人的成功。

比如我们都熟悉的项羽和刘邦争天下的故事，一个是战无不胜、所向披靡的西楚霸王，一个是屡战屡败、打不过就跑的汉中王，为什么最终得到天下的是刘邦而不是项羽？

项羽虽然做事豪爽，光明磊落，是很多人心中的英雄，但他识人、用人的眼光却比刘邦差着十万八千里。他不但任人唯亲，还目光短浅，鸿门宴中，刘邦都送上门来了，范增也多次暗示项羽杀掉刘邦，结果项羽还是放走了刘邦，痛失天下。而刘邦虽为一介布衣，却知人善用，不管是张良、萧何还是韩信，都被他重用过。他也凭借这些人的忠心辅佐，最终成就了霸业。

在《孟子·梁惠王》中，有很多内容都是关于如何识人、用人的，很值得现代管理者借鉴。

比如，在一次孟子与齐宣王的对话中，孟子对齐宣王说："所谓故国者，非谓有乔木之谓也，有世臣之谓也。"意思是说，那些历史悠久的国家，并不是它有百年千年的大树，而是它有累世为国家服务的大臣。这些大臣把自己与国家的命运捆绑在一起，世世代代为国家效力，才使国家得以长久生存和发展。

古代君王都有自己的宠臣，但如果宠信的都是一些只会溜须拍马、看脸色行事、对君王言听计从的人，却留不住德行足够好的人，那么这样的国家是很难长久的。真正会用人、能够"王天下"的君王，应该是像刘邦那样的人，知道自己能力不强，那我就用强人，同时刘邦自己也能像对待老师一样对待这些人，像张良、萧何等，能认真聆听他们的建议。还有曹操也很会用人，曹操的用人策略就是跟能人交朋友，他跟那些谋士、战将的关系就像朋友一样，像荀彧、郭嘉等人，让这些人助他成就霸业。

那么，怎样才能识别真正的人才呢？

孟子跟齐宣王讲了自己的人才观："左右皆曰贤，未可也；

诸大夫皆曰贤,未可也;国人皆曰贤,然后察之;见贤焉,然后用之。"

也就是说,身边侍奉你的这些人,像你的家人、侍从等,说这个人好,那不能信;朝廷中的高层说这个人好,你也不能信;老百姓纷纷传颂这个人好,你还要先认真地考察一番,比如派人去跟他谈话,暗中观察他的做事风格、策略等等,去收集关于他的资料,如果发现他真的是个贤人,那才能用。

在今天看来,这种识人、选人的方法似乎太过烦琐了,但严格来说,这确实能为我们选出优秀、德才兼备的人才,而不是道听途说,别人说这个人好、有本事,你就重用他或跟他合作,也不去考察他是不是有真本事、有真德行,这是不行的。

但是,这里有个关键问题,就是如何"察之",也就是如何识别出有真才华、有真德行的人才。这在古代是很难的。孔子曾经说:"视其所以,观其所由,察其所安。人焉廋哉?人焉廋哉?"就是说,你看明白一个人正在做的事,看清楚他做事的缘由,看仔细他的个人爱好,这个人就没什么能隐藏的了。说白了,就是你要弄清楚一个人的使命、愿景、价值观。而孟子的说法就更简单了:"视其眸子。"你只需要看一个人的眼睛,就能判断他心里想什么、是个什么样的人。

不过在今天看来,这些方法都是不太可行的,或者说太过主观了，因为每个人都可能会被自己的情绪、喜好等所左右。所以我们也发现，古代君王失察的情况非常多，造成的损害也非常大，比如崇祯皇帝和袁崇焕。

我之前讲过一本书，叫作《我会独立思考》，是写给孩子的，但我认为家长们也应该读一读。里面就讲，很多人都缺少独立思考的能力，容易被情绪左右，比如你听说身边的某个人不好，那你的脑海中立刻就会产生雪崩式思维，接下来你的思维就"炸裂"了，你会想：万一这个不好延续下去怎么办？万一这影响到更多人怎么办？万一影响了我的发展怎么办？……

这就是雪崩式思维在左右我们，你完全无法客观地看待这件事，也没有弄清这个人到底有多不好，就将其灾难化了。这时你就容易做出错误的判断，以后这个人不管做什么，或者取得什么成绩，哪怕做了很多好事，你也会觉得他不好。

所以说，真正懂得识人、用人的人，通常不会用这种主观的方法去评价一个人，而是根据自己的实际需要设立一套选人体系。这个体系就像一个精确运行的机器，一旦建立起来，便能够自然运转下去，不受个人喜好、情绪等因素左右。

> 昔者尧荐舜于天而天受之，暴之于民而民受之，故曰：天不言，以行与事示之而已矣。
>
> ——《孟子·万章上》

用人应德行为先，能力为后

古往今来，所有王朝都要经历帝王的更迭，而大部分王朝的兴衰存亡往往取决于继任者，比如，秦二世胡亥仅用不到三年的时间就断送了强大的秦帝国。

这个问题在如今的很多企业中同样存在，比如企业在选择接班人时，选择是否成功，会在很大程度上决定着这个企业未来的走向和命运。以往，很多家族企业的创始人在选择接班人时，会首先考虑培养自己的后代。不可否认，有一些二代接班人是非常优秀的，通过培养也的确扛起了重担，而且有些人还把家族企业带上了一个更高的层次。但同时我们也看到，还有一部分二代接班人并不具备这种能力,结果使得家族企业在自己手中逐渐走了下坡路,甚至彻底没落,被市场淘汰。

实际上,在经营企业这方面,二代接班人的能力只是其中的一个因素,我认为更重要的是一个人的德行,甚至在一定程度上,德行的重要性是高于能力的。只有能力而德不配位,很难获得好的结果。

不仅经营企业是这样,我们日常跟人合作共事同样如此。我在跟身边的人交往或共事时,通常都会把对方的德行放在首位,把能力放在后面。德行不行,能力再好,我也不愿意跟这样的人打交道,因为你不知道什么时候,他可能就会算计你一把,跟这样的人共事心里不踏实。相反,能力差一点而德行很好的人,做事可能没那么完美,但你跟他合作会感到放心、踏实。

北宋政治家司马光在《资治通鉴》中说过这样一句话:"才者,德之资也;德者,才之帅也。"意思是说,才能是德行的凭借,德行是才能的统帅。司马光理想的选人、用人标准就是德才兼备,有德无才者次之,无德无才者又次之,最不能用的就是有才无德的小人。历史上这样的人有很多,比如秦朝的李斯,荀子的弟子,写得一手好文章,他写的《谏逐客令》还一度入选了中学课本。他还写得一手好字,现在泰山的岱庙里还有他留下的手迹呢。但这个人就没有德行,他为了自己的荣华富贵,同意赵高害死公子扶苏和大将蒙恬，立胡亥为秦二世，最终葬送了大秦王朝。所以，司马光认为，用人当先求有德，若才德不能双全，那就"宁舍才而取德"。

但是，这里有个问题，就是一个人的能力可以通过他的工作表现、做事风格等体现出来，但是他的品行却可能隐藏得很深，不容易辨识。这时，我们该怎么办呢？

关于这个问题，孟子和他的弟子万章就曾经讨论过。

有一次，万章问孟子："尧把天下交给舜，有这么回事吗？"

孟子回答说："不是这样的，天子是没有权利把天下交给他人的。"

万章又问："那么舜得到的天下是谁给他的呢？"

孟子回答说："是上天交给他的。"

万章接着问："上天是怎么交给他的？是反复叮嘱告诫后交给他的吗？"

孟子回答说："不是这样的。上天并没有说话，只是用行动和事迹来表示罢了。"

万章就接着追问是什么样的行动和事迹，孟子继续给他解释说："昔者尧荐舜于天而天受之，暴之于民而民受之，故曰：天不言，以行与事示之而已矣。"这句话的大概意思是说，尧所做的是把舜推举出来，给他表现的机会，看上天接不接受；让天下的老百姓来考察他，看老百姓接不接受，然后再根据这些来对舜做出一个判断。

万章接下来又问："那上天和百姓接受舜之后，具体都发生了哪些事？"孟子就又向他解释，比如让舜来主持祭祀，所有的神明都来享用；让他来主持政务，所有事务都处理得井井有条，百姓也能安居乐业。从这些事情上就可以看出，上天和百姓都接受了舜。

通过这段讨论，我们发现，要识别一个人是不是有德行，或者德才兼备，最直接的办法就是看他身边人的表现。如果是个公司领导，那就看他所带的员工表现如何，公司的发展状况如何；如果是你的合作伙伴，那就看周围人对他的评价如何，大家是不是都对他表示信任和认同。通过这些基本就可以判断出一个人是否德才兼备了。

贤者而后乐此，不贤者虽有此，不乐也。
——《孟子·梁惠王上》

想让人自律，先给他自尊

我们先来想象一个场景：一根中等粗细的绳子，放在桌子上，我们不借助任何工具，怎样才能让绳子向前移动呢？有两个方法：从后面向前推和在前面拉。其实根本不需要实际操作，我们就能想象出结果：推是不可能得到预期效果的，因为绳子很软，一推就乱作一团了，只有在前面拉才能达成目标。

我举这个例子要说明什么问题呢？说明在和别人一起做事时，对方就像那根绳子，你在后面推（批评、指责、督促等）并不能从根本上解决问题，甚至会让对方产生不满情绪，失去做事的积极性。但是，如果你能用恰当的方法激发对方的积极性，让对方意识到自己有能力做好一些事情，并且努力向前也是为了不断提升自己的能力，这就是在前面拉对方，而对方往往可以爆发出惊人的力量。

每个人都是有自尊的，说白了，自尊就是一种情绪状态，它是由好的结果或坏的结果刺激出来的一种感受。比如，你被自己的合作伙伴认同了，心里肯定高兴，做事也会更有干劲；相反，你被大家指责了，自尊心受到了伤害，情绪就会低落，做事效率也会降低。

我们在激励别人时也是同样的道理，如果我们总是习惯把焦点集中在别人的错误和不足上，指责对方这里做得不好，那里做得不对，打击对方的自尊心，试图用这种方法推着对方去做事，不仅效果不好，反而还容易让对方丧失做事的热情和动力。

我曾在课程中讲过《自尊》这本书，书中提到，自尊是可以给一个人带来自律的。如果你能看到一个人身上的优点，并且肯定他、激发他，让他感受到自己身上是有很多长处的，并且也能做得更好，这对他的成长和发展非常有帮助。

樊登读书经常组织一些活动，有时活动也并非尽善尽

美。比如有一次，有个小组在陕西做了一个客户活动，当时反馈不太好，很多客户对我们有意见。陕西分会会长也建议我跟小组成员分析一下问题，找到解决方案，减少客户的不满情绪。

我对他说："我知道他们的活动有问题，但我们更应该看到他们在组织活动时的工作热情。经验欠缺没关系，以后慢慢积累就好，但工作热情是非常宝贵的，一旦受到打击，很长时间都难以恢复。如果因为小组出了些小问题，我就开会批评他们，那以后他们再组织活动就放不开手脚，觉得自己组织能力不行，再遇到类似活动也不敢放手去干了。"

后来我在上海与这个小组碰面，表扬了其中的一个成员："你的活动做得不错，很及时，能力也越来越强了。"

他说："其实我知道上次客户反馈不太好，我下次一定准备得更充分些，把活动做得更好。"

你看，你首先给予了对方尊重和肯定，对方才会有动力和积极性把事情做得更好，这要比你指出他们的一大堆问题更能让他自律。所以说，一个优秀的合伙人，一定是一个对人性本身十分了解并且有信仰的人，相信人是愿意向更好的方向发展的。要学会抑制总是看到别人缺点的本能，善于去发现别人身上闪光的地方，表扬并强化它。这样，对方才会在不断的积极反馈中明确自己的努力方向，更加积极、自律地去承担起自己的工作和责任。

> 今有璞玉于此,虽万镒,必使玉人雕琢之。至于治国家,则曰"姑舍女所学而从我",则何以异于教玉人雕琢玉哉?
>
> ——《孟子·梁惠王下》

善于用人所长

在生活中,我们经常发现有这样一类人:当大家为某个问题或观点争论不休时,他们马上站出来说:"行了,都别争了,这件事就听我的吧!"

看起来这类人杀伐果断,很有魄力,能够为大家负责,但其实他们的内心充满自负,以为自己辈分高或地位高,就可以说了算、做决定,而对于大家争论的问题事实是什么样的,怎样处理更好,他可能并没有认真思考过。

关于这个问题,孟子在跟齐宣王的对话中就曾经提到过。孟子先是给齐宣王举了个例子:"今有璞玉于此,虽万镒,必使玉人雕琢之。"说现在有一块璞玉,虽然价值连城,但你一定会请工艺大师来雕琢,而不是自己动手。道理很简单,因为你不会嘛,肯定要找专业人士来干这件事,否则玉可能就废了。"至于治国家,则曰'姑舍女所学而从我',则何以异于教玉人雕琢玉哉?"可在治理国家时,你却对贤能之人说:"把你学的本事都放下,听我的话。"那跟你自己手把手教工艺大师来雕琢璞玉有什么区别呢?

孟子这里说的"工艺大师"指代的是谁呢?就是他自己。他认为,治理国家、实施王道这件事,我已经全想明白了,也都告诉你了,你按照我说的做就能把国家治理好。可是你不干,还老跟我说:"把你学的那些东西忘掉,你听我的,因为我是国君。"这样一来,我给你讲的治国之道又有什么用?你的国家不还是什么都不能改变吗?

你看,这是不是跟我们身边一些人的做法很像?你想跟别人一起做事,一起讨论问题,却不愿意听别人的建议,更接受不了别人来做决定,那你怎么跟人家合作呢?

我在创业之初也犯过类似的错误。从央视离职后,我曾创办过一本名为《管理学家》的杂志。有一次,我带着杂志的市场总监去跟其他单位谈合作。谈完之后,刚出对方单位的大门,市场总监就生气地跟我说:"我想辞职,不想干了!"

我当时还很奇怪,赶忙问他到底怎么了?市场总监回答说:"因为你根本不需要我,整个谈判过程都是你自己在说,我连嘴都插不进去,那你还要我这个市场总监干什么?"我这才明白过来,我越位了!

这虽然是很小的一件事,却让我感触很深。当一个专业人士站在你旁边,却发现自己的专业知识完全不被需要,那是多么难受!所以从那时起,我就意识到,想把一件事情做得更完美、更有效率,就必须学会放低自己的身段,多听专业人士的建议,多给擅长的人更多的表现机会,让他们依靠自己的特长和专业知识去独立地完成这件事。

在这一点上,我觉得古代做得最好的人就是宋仁宗。宋朝人常讲,仁宗皇帝"百事不会,只会做官家",宋朝人讲的"官家"就是皇帝。宋仁宗自己没什么特长,也不够狠决,但他永远不跟大臣杠,大臣说什么,他都耐心倾听,并让这些大臣去做决策。所以你会发现,北宋时期的名臣大部分都在仁宗一朝,这个时代也被称为"共治时代"。

而往后推两朝,到宋徽宗时期,百姓常讲的却是徽宗皇帝"诸事皆能,独不能为君耳",宋徽宗什么都会,画画、书法、品茶、建筑，样样精通，但唯独不会做皇帝，最后导致北宋灭亡。

我曾经讲过一本书，叫作《授权》，其中主要讲的是企业管理者如何授权给具有专业知识的下属，但我觉得这里面的理念和逻辑同样适合我们日常做事。这本书里就讲，一个领导者对团队最负责的行为，并不是把所有事情都自己拍板，而是想办法把决策权交给那些你请来的专业人士。当然，要做到这点并不容易，因为你要克制自己心中的偏好，克服自己的贪婪和恐惧。其实很多人之所以喜欢自己拍板做决策，往往是因为心中的恐惧和对其他人的不信任，害怕别人犯错，给自己或企业造成损失。而我们日常做事也是如此，之所以不愿意听别人的建议，或者让别人做决定，就是怕最后事情搞砸了，给我们带来不可挽回的损失。

但是，我们也要明白一点，要想把一件事情做好，就必须让其中的每一个分子都充分发挥自己的特长、潜能和积极性。在这个过程中，不可避免地会犯错，可任何团队的发展和个人的成长都是通过不断试错获得的，不犯错你就永远发现不了团队的问题，也发现不了每个人在某方面存在的缺陷，更不知道如何去改进，自己也会越来越忙、越来越累。只有善于用人所长，并给予大家试错的空间，才能激发出每个人的热情、潜能和积极性。这样，我们在做事时才会战无不胜，更容易拿到好的结果。

责难于君谓之恭,陈善闭邪谓之敬,吾君不能谓之贼。

——《孟子·离娄上》

珍惜愿意指出你错误的人

莎士比亚说:"一个人宁愿听一百句美丽的谎言,也不愿听一句直白的真话。"在生活和工作中,我们经常会与形形色色的人打交道,从他们口中也能听到千言万语。在这些话中,哪些应该过滤掉,哪些应该认真聆听,时刻都考验着我们做人做事的功力。而为人处世最难得、最可贵的,就是能够听到有人敢批评你,愿意指出你的错误。我经常说,如果有人敢直截了当地指出你的过错和不足,你不但不应该恼怒,还要好好珍惜这样的人。要知道,在当今社会,有太多人都信奉"逢人且说三分话,不可全抛一片心"的信条,如果不是真的关心你、在意你，谁会愿意对你讲逆耳的忠言，做这种费力不讨好的事呢？

遗憾的是，大多数人都更喜欢听别人跟自己说奉承的话，尤其是一些有点儿身份、有点儿地位的人，更喜欢跟一些善于恭维奉承、溜须拍马的人打交道。而这些人最擅长的事，就是跟领导说漂亮话，吹嘘领导的功绩，把所有的成绩都归功在领导身上。当然，有些人对此也很受用，有什么好机会也会首先想着这些人。

这种现象好不好呢？

我们不能说它完全不好，但我觉得这对于一个人的能力提升和发展来说是非常危险的。你可以想象一下，在一个国家里面，如果国君的周围都是一些阿谀奉承的大臣，不管国君做什么，他们都从来不说国君不好，有什么坏消息也不告诉国君，还在国君面前营造出一种国富民强、国泰民安的虚假景象。学过历史的都知道，一个国家如果是这样的景象，那肯定离亡国没多远了。

孟子曾经说过："事君无义，进退无礼，言则非先王之道者，犹沓沓也。"意思是说，臣子对国君只知道逢迎听话，就是不义；臣子辅佐国君时，如果进不能匡正国君的过错，退不能保持自己的廉洁，就是进退无礼。因此，"责难于君谓之恭，陈善闭邪谓之敬，吾君不能谓之贼"。你责求君王施行仁政，这是恭敬；你向君王陈述好的意见，堵塞他的邪念，这叫尊重；但如果你认为君王不能行善，这就叫坑害君王。作为臣子，如果只会趋走承顺，那不是对国君真正的恭敬。真正的恭敬应该像孟子对梁惠王、滕文公那样，对国君提出较高的要求，请求国君去做。这样虽然是在强求国君做一些难做的事，但内心却是以建造帝王之业来期待国君的。

　　北宋时期，范仲淹担任宰相，当时的江苏地区发生了一次小型叛乱，有一股叛匪进攻高邮县。高邮知军晁仲约见叛军势力很大，城内兵力不足，就不敢出兵抵抗，而是私下用重金贿赂叛匪，希望他们不要攻打高邮。叛匪拿到钱后，果然守信用，就离开高邮，去打其他县府了。

　　不久后，这件事就被朝廷知道，宋仁宗和大臣们都很愤怒，宋仁宗更是气得要杀了晁仲约。但是，当宋仁宗下达了处死晁仲约的敕令后，范仲淹却不同意，还强势地把敕令退给了仁宗，认为晁仲约虽然有错，但不至于杀头。

　　大臣们很不理解，范仲淹就解释说，晁仲约虽然有错，但其罪行并没有达到杀头的级别。而皇帝现在还年轻，以后如果杀成习惯、杀顺手了，遇到谁不服从管理就杀头，天下人岂不是要遭殃了？所以这个口子不能轻易开。

这就是对国君"闭邪"，国君做得不对，就要明确地指出来，谏言规劝，即使犯了龙颜惹怒国君也不退缩。这才是对国君真正的"敬"。

相反，如果臣子只知道逢迎国君，明知国君有错，也不去匡正，这并不是对国君好，而是他们认为国君根本不中用，做不成什么大事，这种行为才是在戕害君主。

再回到我们现在的生活和工作当中，你想要听好话、听奉承话很容易，几乎每天都能听到，但想听到真正的意见和建议可能就没那么容易了。很多人都抱着明哲保身的态度，不涉及自己的利益时，根本不愿意主动去"找麻烦"。在这种情况下，你不但不应该对指出你错误的人怀恨在心，反而应该心存感激。只要对方不是为了一己私利，或者故意为难你，那么就算他提出的意见很苛刻、不好听，甚至直戳你的痛点，你再气恼，也不应该怨恨对方。要知道，在如今的社会中，能够不为私利，真心为朋友指出缺点的人真的很难得。

再进一步说，如果你是一位领导，就更应该具有包容和接纳别人指出你的错误的格局和宽容之心了。不仅如此，在选人用人时，你也不要光盯着那些只会说好话、经常恭维你的员工，而要尽量重用那些敢于给你提有益意见、提较高要求的员工，甚至是敢跟你对着干的员工。如果你本身心胸狭窄，容不得不同意见的人，那你肯定留不住人，一些真正有才华的人也会因此而流失，公司发展也就成了一句空话。

> 有大人之事，有小人之事。且一人之身，而百工之所为备，如必自为而后用之，是率天下而路也。
>
> ——《孟子·滕文公上》

让专业人去干专业事

我之前曾在电视上看过一个名叫《大叔小馆》的真人秀节目，由孟非、郭德纲等几个人担任嘉宾。他们在大理开了一家烧烤店，主要想通过真实的生活展示，呈现当地的美食文化。

刚开始有个试菜环节，就是几个人各自展示一下自己的厨艺，做几样拿手菜。结果因为缺乏经验，大家的拿手菜一个也没拿出手，全都失败了。后来大家一商量，干脆从外面的烧烤店直接买回半成品的食材，自己只需要放在架子上烤熟就行了。

后来郭德纲总结了一句话,我觉得特别好,他说,购买半成品非常正确,而且是个很专业的行为。我们本身就是业余的,甚至连业余都不算,这么业余的人怎么能干好烧烤这么专业的事呢?

很多人可能觉得烧烤并不需要什么专业,其实真不见得,不少烧烤店自己都不穿串,而是直接从专门穿串的厂家购买半成品。因为所有事情都亲力亲为的话,不但效率低,自己还非常疲劳,没精力招呼客人,最后得不偿失。

这就提醒我们,在做事的时候,要学会把专业的事留给专业的人去做,我们只需要做好自己擅长并且应该做的事就行了。否则,你不但做不好,还可能让事情变得更糟。"闻道有先后,术业有专攻",唐代的韩愈早就深谙此理了。

其实不只是韩愈,更早时代的孟子对此也十分清楚。在《孟子·滕文公上》中记载了这样一件事:滕文公实施仁政,楚国一个名叫陈相的人来到滕国,归附了滕文公。在看到滕文公的一些做法后,陈相就来拜访孟子,跟孟子"吐槽"说,滕文公也算是贤君吧,但还不懂得真正的大道,要治理好滕国可能够呛。孟子就问为什么呀?你是从哪儿看出来的呢?陈相就说,真正的贤君应该和百姓一起劳动,一起耕种,自食其力,早晚餐都要自己做,而不是让百姓来养活自己。现在滕国仓库里存着粮食,府库中存着货财,这都是民脂民膏。这不是在损害百姓利益吗?不然他怎么能这么富有呢?你看,最早的仇富心理就是从这时开始的。

陈相当时师从一个叫许行的人,所以孟子听完他的话,就反问陈相说,那你的老师许行每天吃的粮食是他自己种出来的吗?他穿的衣服、戴的帽子、做饭用的铁锅、种粮食用的锄具,都是自己做的吗?陈相回答说,粮食是老师自己种的,食物也是老师自己做的,但其他都是跟别人交换或买回来的,因为耕田的事很忙,老师哪有那么多时间做这些事呢?

这时,孟子就拿出了自己的"撒手锏",说,既然你的老师不能一边耕田、一边织布、打铁、制陶,那么国君在治理国家时,怎么就要一边耕地一边理政呢?"有大人之事,有小人之事。且一人之身,而百工之所为备,如必自为而后用之,是率天下而路也。"社会本来就该有分工,官吏有官吏的工作,百姓有百姓的事情,如果什么都自己生产,那全天下的人都要疲于奔命,不能休息了。

不管是古代还是现代,任何人都不可能自己做完所有的事,陈相的想法其实还停留在原始社会。但社会是向前发展的,到了生活不断丰富的今天,一件事情可能需要几十个、几百个人共同合作才能完成。比如我们买一辆车,你很难说清这辆车是中国造的还是日本造的,因为现在几乎百分之七十的国际贸易都是零部件贸易,这辆车虽然在中国组装,但零部件却是从全世界各地运过来的,各个企业、人员共同协作,各种技术汇集在一起,才造出一辆完整的汽车。

我们在经营自己的人生时也是如此,虽然我们可能会做很多事情,但不可能一个人干完所有的活。你可能很会做饭,却不一定懂得种菜;你也可能很懂投资,却不一定懂技术。马云就曾经表示,有人说他不如马化腾和李彦宏那么懂技术,由此认为阿里巴巴的技术最差,实际上,正因为自己不懂技术,他更愿意把最懂技术的人招致麾下,为己所用。而且在技术人员做决策时,他也不横加干涉,而是大胆授权,给予他们极大的信任和支持。

做任何事就应该具备这样的意识,知道自己能力有限,有很多事是做不到的,即使勉强去做也做不好,与其如此,倒不如直接找专业人士来做,这样才能把事情做得更专业、更到位。

但是,现在很多人都没有意识到这一点,比如一些公司领导就是如此,包括我自己在刚刚创业时,也犯过类似的错误。那时我和其他老板一样,对员工做任何事都不放心,每件事都想亲力亲为、参与"指点"一下。但后来我发现,员工因为久居一线，很多方法、策略比我的更好。这就让我意识到，必须让专业人去做那些专业事，很多时候他们的专业技能远远强于我。我要做的，应该是用恰当的方法调动他们的积极性，让他们更好地发挥自己的专业能力，而不是事事亲力亲为，最后不但自己疲惫不堪，事情的结果也不见得更好。

所以，孟子后来又对陈相说："或劳心，或劳力；劳心者治人，劳力者治于人；治于人者食人，治人者食于人；天下之通义也。"意思是说，有的人动脑力，有的人动体力；脑力劳动者管理人，体力劳动者被管理；被管理者养活别人，管理者被别人养活，这是天下共通的法则。简而言之，就是各有各的职责，专业人干专业事，大家合理统筹，才能获得最好的收益。

第五章

激发和释放他人的善意

> 天时不如地利,地利不如人和。
> ——《孟子·公孙丑下》

"人和"是成功的最高要素

我讲过一本书,是宫玉振教授写的《善战者说:孙子兵法与取胜法则十二讲》,其中提到,行军打仗最重要有五件事,分别为天、地、道、法、将,也称"五势"。其中,"天"是指天时,也就是打仗时所处的时机,这也是最难把握的东西,不确定性很大;"地"是指地利,即你所占据的地势,比如在高一些的位置安营扎寨、周围要有水源等。而"道""将""法"三者就是指人和,其中,"道"是指上下一心,放在企业中就是指使命、愿景和价值观;"将"是指将领、领导;"法"是指军法,也就是领导水平。全军上下一心,团结一致,将领指导有方,再有天时、地利的辅助，你的仗就可以打赢了。

但是，天时和地利对战争的影响并非一朝一夕，有很多还是我们人力无法左右的，打胜仗的关键还在于当下能够发挥作用的，也就是人和。即使天时地利都满足了，敌人一来，大家纷纷弃城而逃，那就是人心不齐，照样失败。所以孟子总结了一句非常经典的话，就是"天时不如地利，地利不如人和"。

孟子为了证实自己的这个观点，还进一步进行了论证，以突出"人和"对战争的重要性，比如"得道者多助，失道者寡助"。你是不是真的能得到大家的支持，来自你是否合乎道，也就是你的使命、愿景、价值观是不是跟广大人民群众的方向一致。如果你的"道"不合乎大家的"道"，那你就会失去支持，不会有人愿意帮助你，甚至会"亲戚畔之"，连身边的亲人都反对你。反之，你的"道"跟大家的"道"一致，那么帮助你的人就多，当帮助你的人多到极点，天下人都会顺从你。

大家如果看过《淮海战役》这部电影，应该记得，在淮海战役结束后，陈毅元帅说了一句特别有名的话。他说："淮海战役的胜利，是人民群众用小车推出来的。"因为战争需要很多粮食补给和弹药补给，而我军的交通运输工具难以完成这项任务，所以老百姓就把自己家的小车都推来，一车一车地向前线运送物资。这就是"多助之至,天下顺之"。

当然,古往今来,也有很多因违背人和而招致失败的案例。

明末李自成起义,在打到北京之前,李自成的部队一路上所向披靡,因为他打的是"闯王来了不纳粮"的旗帜。老百姓一看,不用交纳粮食呀,那太好了,自己终于有救了,于是纷纷打开城门,让起义军入城。

哪知道李自成进入北京之后,一切都变了,不但自己搬进皇宫,坐上了皇位,还纵容手下洗劫了北京城,结果仅仅在城中待了42天,就不得不弃城而去。

人生如战场。一个人要想做点事情,并且做成事情,同样也需要讲究天时、地利、人和。其中,天时就相当于你所处的外部大环境、大趋势。地利,我们可以理解为你所处的地域或所在的行业,比如你能否利用当地的地理因素,充分利用本地资源,发挥地方优势,培养自己的核心竞争力,等等。

最后一点,也是最重要的,就是人和,它所代表的是你所拥有的人心、人与人之间的吸引力。一群能够相互吸引,有着相同的使命、愿景和价值观的人聚在一起做一件事情,这件事情做成的概率就会高很多。

总有人问我樊登读书是怎么做起来的。其实早在2017年我就说过，樊登读书的每一个成功决策背后，都源于一本书的支撑，这本书就是《反脆弱》。反脆弱的含义是说：每个人、每个组织都要学会在不确定的事注定会发生的前提下，依然能够受益的能力。它背后的逻辑是：一个母系统的稳定性是建立在子系统的不稳定性之上的。具体到一家公司而言，就是这个公司要宽容甚至支持"快速失败"，也就是用最小的成本不断尝试，然后去获得一个更大的预期，用尽量少的尝试去获得无限可能的收益。

所以，在樊登读书中，我们的每个员工都有充分的创业权利，公司也愿意尽可能对他们提供帮助，激发他们的创业心和创造力。

说起来你可能不相信，樊登读书拥有300多名90后员工，但几乎没有人跟我谈论过福利待遇等问题，原因就在于他们都知道自己正在做一件极有意义的事。他们希望集团变得更加强大，有朝一日他们也能自己创业，成为樊登读书生态圈中的一个生命体。

这就是"人和"的一种体现。倘若一个人、一个公司能把其中的每个人都调节到创业者或创始人的状态，所有人的力量都拧成一股绳，共同为一个目标的实现而努力，那么这就会成为这件事最终成功的最高要素。

> 王如施仁政于民，省刑罚，薄税敛，深耕易耨；壮者以暇日修其孝悌忠信，入以事其父兄，出以事其长上，可使制梃以挞秦楚之坚甲利兵矣。
>
> ——《孟子·梁惠王上》

团队精神是无敌的

我们都知道掉队的凄凉，不管是人还是动物，一旦掉队，都会形单影只，其间遇到困难甚至危险，也没有伙伴帮忙。而那些南飞的大雁之所以可以飞越千里，并不是因为它们自身有多厉害，而是由于它们能够团结在一起，目标一致，群策群力，最终完成难以独自完成的迁徙。相反，那些掉队的狮子、狼等凶猛的野兽，即使自己本身很强大，遇到敌人时也可能会被残忍地吞噬。

在生活和工作中也是这样，有时我们就像是其中的一只只大雁、一头头狮子，在做事时，如果大家能组成一个团队一起做，并把团队力量发挥到极致，不但可以增强自己的力量，还可以让整体实力变得强大，完成一个个高目标，这些目标甚至会超出团队中每个人的期望。

所以，想要做成大事，就要学会寻找帮手，或者组建高效能的团队，增强团队中每个人的精神和凝聚力。大家群策群力，才更容易把事情做好、做成。

孟子在跟梁惠王对话过程中，也提出了团队的重要性。他认为，国君如果能对老百姓施行仁政，减免赋税，深耕细作，让成年人能抽出时间修养孝顺、尊敬、忠诚、守信等品德，在家跟自己的父母兄弟友好相处，出门时能尊敬长辈上级，就算是你让他们拿个木棍去打仗，他们也能打败秦国、楚国的坚甲利兵。

在孟子看来，治理国家还是要实施仁政，发展生产，增强老百姓的劳动积极性。只要老百姓团结一心，那就是无敌的。这是孟子的想法。

不过对于孟子的这种观点，从技术角度来讲我是不太认同的。秦国大量使用弩，弩的最大好处是什么呢？我之前曾讲过一本书，叫作《技术与文明》，其中提到，弩的好处是使用者不需要经过什么训练，就算是普通老百姓，你发给他一支弩机，他也能直接上战场打仗。所以，秦朝的耕战制度与弩的结合使用，就使得它的战斗力非常强大。

从技术层面来说，孟子说你让老百姓拿根木棍就能把秦国、楚国的军队打退，这是不太现实的，但孟子提出的团结的观点却是非常正确的。老百姓团结，有士气，有信心，确实能够增强战斗力。而且从更长远的角度看，一个国家的胜利也一定来自本国老百姓的生活状态，老百姓生活状态好，幸福指数高，国家就会更加团结，更加有力量。那些坚船利炮可能会暂时让这个国家的战斗力处于强势地位，但长期来看，让老百姓过上好日子，调动老百姓团结合作的积极性，才是最重要的。毕竟再有力的手指，也比不过拳头！

我们做事情也是这样，一个人的力量再强，技术再精湛，也比不上一个团队的群策群力。我在读《匠人精神》这本书时，就曾深深地被秋山利辉一流的心性所震撼。在认真总结了书中列举的"匠人须知30条"后，我发现秋山利辉非常注重人与人之间的交流技巧和团队精神。他对每一位学员的基本要求是要学会打招呼，学会联络、报告、协商，正确地听懂别人说的话，等等。同时，他还强调，匠人精神不是闭门造车、埋头苦干，而是要学会表达、倾听，在团队中不断成长，学会吸收别人的优秀思想和经验，取长补短。这些才是一个优秀的匠人应该具备的精神。

秋山利辉强调团队合作主要包括两点：一是营造积极健康的工作氛围，在8年的学习历程中，学员都要吃住在一起，除了日常工作，就是一起学习木工技术；二是技术的提升需要每个学员的不断磨合，这就需要学员学会表达和沟通才能解决问题。

结合孟子的观点，我们就更加明确，很多事情都是需要通过团队人员群策群力来完成的，否则，就算你是智慧能干的诸葛亮，最后也会被活活累死。只有在所有团队成员的共同努力下，事情才会做得越来越好。

那么，我们怎样组建或打造一支过硬的团队呢？

我认为，关键就在于"领头羊"能够随时向团队成员传达团队的目标，让大家知道自己到底在为什么而努力。而在传达目标时，任何一个需要反馈的时机，都是我们打造团队精神的好机会。因为这个时候，大家都很期待自己的问题能得到解决，对领导者给予的反馈和提出的建议也会认真倾听、积极接受。长此以往，大家与团队的关系就会日益密切，团队凝聚力也会越来越强。

> 君仁莫不仁，君义莫不义，君正莫不正。
> 一正君而国定矣。
>
> ——《孟子·离娄下》

领导是团队风气的缔造者

小品《卖拐》中有这样一句台词："同样是生活在一起的两口子，做人的差距咋就这么大呢？"虽然这只是小品中的一句玩笑话，却也十分真实，毕竟艺术来源于生活。现实生活中，人和人之间的确存在着不同程度的差异，这就导致在面对同样一件事的时候，每个人的选择和最后的结果也会有所不同。

孟子也曾讲过这个道理："君仁莫不仁，君义莫不义，君正莫不正。一正君而国定矣。"就是说，君主之间也会有所差异。同样是治理国家，如果君主施行仁义，那么这个国家的所有人都会仁义；如果君主正直，那臣民也都会很正直。反之亦然。

也就是说，君主是一个国家社会风气的缔造者，君主是什么品行，这个国家就会是什么风气，所谓"上行下效"就是这个道理。

春秋时期，齐国国君齐桓公非常喜欢穿紫衣服，臣民们得知此事后，竞相仿效，也开始赶时髦穿起了紫衣服。一时间，供不应求，齐国紫贵，甚至几匹白布都换不回一匹紫布。

齐桓公为此很担心，就对国相管仲说："现在全城人都喜欢穿紫衣服，导致紫色布料一匹难求，如何阻止这种风气呢？"管仲回答说："如果您真想制止这种风气，很容易，只需做好三件事就可以了！"齐桓公便问是哪三件事。管仲回答说："第一件，您不要再穿紫衣服，这样臣民们就不会再效仿了；第二件，如果有穿紫衣服的侍卫走近您，您就说：'离我远点，我受不了紫衣服的气味。'第三件，如果有大臣穿紫衣服上朝，您就对他说：'往后退，我实在受不了紫衣服的气味。'"

齐桓公照此行事，果然在一段时间后，齐国境内再也没人穿紫衣服了。

从这个小故事可以看出，作为一个国家的领导者、一个团队的领袖，或者是一个具有社会影响力的公众人物，一言一行、一举一动都要谨慎一些，要考虑到对整个团队乃至整个社会风气的影响。

孔子在《论语》中也说过类似的话："子为政，焉用杀？子欲善而民善矣。君子之德风，小人之德草。草上之风必偃。"孔子不理解，君主为什么总是用杀人的办法来管理国家呢？只要君主去行善，百姓就会跟着你一起行善。君主的品德就像风一样，下面人的品德就像草一样，你只要自己风气好，草就会跟着你这阵风一块儿走。

如果把这个道理引申到我们现在的生活当中，你会发现，一些社会风气、企业风气等问题，根源其实在领导者身上。不管是整个社会，还是一个企业，它都是个有机整体，而领导者的行为会对下面的人造成很大的影响。领导者只有做出好榜样，才能起到带头表率作用，进而有效地影响和激励下面的人。比如，领导者要用自己的行动展示给下面的人看，把"按我说的做"改成"按我做的做"，就能起到积极的示范作用，在社会上或企业中形成良好的风气。

那么，作为一个领导者，如何判断社会或企业的风气好不好呢？

很简单，你只需要看看周围的人是如何相处的就能找到答案了。

孔子有一句话，叫"举直错诸枉，能使枉者直"。意思是说，如果领导者从一群人当中把那些正直的人提拔起来，那些不那么正直的人受身边正直风气的影响，慢慢也会变得正直起来，这样周围的风气就会变好。

我以前读过一本关于领导力的书，叫作《哈佛商学院最受欢迎的领导课》，书中提到了领导者保持言行一致的重要性。领导者如果每天都在跟下面的人讲价值观，其实没什么实际效果，因为大家看的都是领导者的行为表现。比如，领导经常提拔的是哪一类人，如果是那些阿谀奉承之辈，久而久之，整个团队都会充满歪风邪气；如果是那些正直、肯干、三观很正的人，周围的风气自然就会越来越好。

实际上，当你走上领导岗位之后，不论你领导多少人，大家都会把你当作标杆，观察你的一言一行，模仿你的所作所为。所以，你要做的就是扛住压力和诱惑，主动成为大家的典范，以身作则，成为团队风气的缔造者，这样才能带领大家走向更美好的未来。

> 好善优于天下,而况鲁国乎?夫苟好善,则四海之内,皆将轻千里而来告之以善。
>
> ——《孟子·告子下》

"好善言",才能赢得人心

经济学里面有个非常重要的现象,叫作劣币驱逐良币,说的是货币在流通过程中,良币被劣币取代,继而退出流通市场。而广义上的劣币驱逐良币现象就更多了,比如在一家公司中,一个部门内部的工作分工其实并不是很细致,于是不可避免地出现这样的场景:有的人工作做得多,有的人工作做得少,但薪资待遇却相差无几。于是,那些习惯偷懒的人感觉这份工作很轻松,自己只要做做样子,就能拿到跟别人差不多的薪水;而每天辛苦工作的人则感到不公平,自己明明比别人努力,却只能跟他们拿一样的薪水。更可气的是,虽然有的人真的很努力，有的人就是在装努力，可在领导眼中，大家的工作状态都是一样的。

所以，职场上就出现了这样一种状态：努力工作的员工要么辞职，去换更满意的工作；要么也像那些不劳而获的人一样，每天假装很努力。试想一下，这样的公司能发展多好呢？

再比如，在乘坐公交车时，那些规规矩矩排队的人总是会被挤得东倒西歪，人多车少的时候，可能几趟车过来都上不去，倒是那些不遵守秩序的人，常常能捷足先登。结果，最后遵守秩序排队上车的人越来越少，车一来，大家都一窝蜂地向前挤，如同打仗一样，苦不堪言。

以上这些都属于劣币驱逐良币的现象。这种现象放在生活当中，还凸显出一个重要问题，就是我们在做事时，究竟怎样才能赢得人心，赢得更多人的帮助？

这个问题在我的《可复制的领导力》一书中可以找到答案。在这本书里我曾经提到，很多企业当中，领导者都是靠"威吓"来管理员工的，但我认为这不叫管理，应该叫"管束"。管理的核心，应该是发自内心地尊重和信任员工，平等地对待员工，虚心地接纳员工的意见，让员工得到应有的尊严。你能做到这些，员工内心自然会感动，也更愿意跟你同甘共苦，一起为企业的发展努力。这不就像孟子曾说的"好善优于天下"吗？你愿意听取善言，同时懂得尊重他人，那治理天下都是绰绰有余了，更别说赢得人心了！

当时，孟子正好听说自己的学生乐正子要到鲁国从政，高兴得睡不着觉，这可是很少见的情况，所以他身边的学生就问他，先生为什么听说乐正子要去鲁国执政就这么高兴呢？难道是因为乐正子能力强、有谋略、见多识广吗？孟子回答说，这些都不是最重要的，最重要的是乐正子"好善"，有这一点就足够了。"夫苟好善，则四海之内，皆将轻千里而来告之以善。"一旦为政者喜欢听取善言，不但身边的人工作积极性高，就是四海之内、千里之外的人，也都愿意来投奔他，向他贡献自己的才能。治理好一个国家，从来不是靠为政者一个人的能力、智慧和学识，而是靠很多有识之士一起提供意见和建议，集思广益，才有可能把国家治理好。

同样的道理放在今天来说，一个人的成功，也从来不是因为自己一个人的能力有多强，而是因为你的身边聚集了很多能力强的人。这些优秀的人群策群力，才成就了你的强大。但是，要让这些优秀的人才充分发挥自己的能力，你同样要有德行、有操守、讲原则，能够看到他人的努力，愿意听取他人意见。相反，恃才傲物，妄自尊大，一听到别人提意见，就一副不屑一顾的样子，甚至嘲讽人家"你说的这些，我早就知道了，还用等你说！"，那就相当于把有才华的人拒于千里之外了。君子和小人是此消彼长的，君子少了，小人的数量自然就会增加，阿谀奉承、偷奸耍滑之徒便会蜂拥而至。这样一来，你什么事都做不成。

当然，孟子所谓的"善言"，并不是一般意义上的"好话"，而是指那些有益于治理国家的忠言。我们都说"忠言逆耳"，原因就是"忠言"大多是不太好听的话，甚至是非常不好听的话。在这种情况下，就体现出一个人的格局和素养了。真正能够听取"善言"的人，也必然是个有格局、有素养的人，懂得"以人为镜，可以明得失"的道理，从而得到他人的帮助和支持。

从这个角度来看，乐正子应该真的是个"好善言"的人，这样的人肯定不简单，所以孟子听说他执政后，才会高兴得睡不着。

> 以善服人者，未有能服人者也；以善养人，然能服天下。天下不心服而王者，未之有也。
>
> ——《孟子·离娄下》

以善服人和以善养人

我的一位朋友是一家公司的老板，有一天，他跟我说起这样一件事：他通过渠道高薪聘请了一些重要部门的负责人，这些人到任后，品行端正，业绩突出，工作表现非常出色，大家也是有目共睹。然而有个奇怪的现象，就是这些人所负责部门的员工似乎都不太愿意或者根本不愿意接受和服从他们的指令。这种现象令这位朋友十分费解，他就问我知不知道这是什么原因。

在我看来，这个问题的根本原因就是心态使然。人性是极其复杂的，一个人的人格魅力、自我修养、示范作用及其所带来的感召力，都与他给身边的人带来的感觉和评价有着千丝万缕的联系。比如说在一家公司当中，计划、组织、指挥、协调、控制，这五个关键要素哪个都不能自动运转，都离不开人去发挥效能。同样，一家公司的人员是否稳定、队伍是否团结，也不能单靠制度和企业文化的约束，而完全离开人性的驱使。

但是，有些人就是喜欢站在道德的制高点上，用道德说教压制其他人，说白了，这是你想让人家服从你，而不是人家主动服从你。仁善之心有两个递进关系，一个是出自本心地对别人善良，另一个是通过自己的修养，教化他人同归于善，能做到后者的，绝对不是刻意，而是纯粹。

在孟子的作品中，对"善"的界定也进行了递进式的描述。他认为，以善服人和以善养人是有根本区别的，"服"和"养"之间有一个潜移默化的过程。通俗地讲，大多数人都会认为，有人比我心地善良，但我是不会服他的，因为拿自己的善良让别人服从，这本身就是一种不经意间的骄矜心态，会让人感觉是表面上的"伪善"，反而起不到很好的效果。但是，通过熏陶和循循善诱，让我同他一起变得一心向善，我是绝对服他的，这是真正的心服，而不是伪善和独善。

《三国演义》里最精彩的篇章之一，就是诸葛亮七擒孟获。

虽然孟获七次被诸葛亮擒住，但诸葛亮还是要放走他，这才终于让孟获倾心归降，并说道："公，天威也，南人不复反矣。"这就是典型的"以善养人"。后来的史实也表明，诸葛亮的这种"以善养人"的行为是完全出自本心的，他在孟获归降、蜀国军队班师成都后，对南中地区并未采取两汉以来一贯的委任统治，而是充分保护地方权益，大胆起用当地少数民族的青年人才，以怀柔政策治理南方，使他们再也没有发生过叛乱。这就应了孟子的那句话："天下不心服而王者，未之有也。"天下人不心服而能称王于天下的，还从来没有过。

同样是在《三国演义》中，刘备论武力比不过他的两位结义兄弟，论智谋比不上曹操和诸葛亮，还动不动就以泪洗面，可是他凭什么能成为领袖呢？是仁义。刘备这个角色，真的是把孟子"仁者无敌"的抽象思想体现得淋漓尽致。当然，这也并不是作者完全凭空想象的，史书《三国志》的作者陈寿就曾评价刘备"弘毅宽厚，知人待士"。裴松之对《三国志》的注解也提及刘备的话："今指与吾为水火者，曹操也。操以急，吾以宽；操以暴，吾以仁；操以谲，吾以忠。每与操反，事乃可成耳。"

你看，刘备用很浅显的逆向思维就明确了自己的初心，这样的人，本心就是向善的。有些人对刘备也持不同意见，比如有人认为刘备很"装"，动不动就哭哭啼啼，有故作姿态的嫌疑。据统计，刘备在全书一百二十回里出现了八十五回，哭了三十多次，两三回就得哭一次。但是，你仔细想想会发现，那并不是伪善，而是一种共情。他的军师庞统战死了，他会哭上几天；他的"谋主"法正病死了，他也会伤心落泪很久；他在刘表处寄人篱下，慨叹自己久不骑马，髀骨生肉，也会暗自落泪，这总不是为了收买人心吧！

总之，我认为刘备的哭是一种共情，也是一种真情善良的显露，是孔孟儒家心性的刻画，刘备是真诚的。在三国时代，很多杰出的英雄一直追随刘备，也是刘备"以善养人"的真实写照。就连他最强大的对手，对他的评价也无不充溢赞美之词，比如曹操曾评价刘备为"人中之龙也"；曹操的谋士程昱也指出："观刘备有雄才而甚得众心，终不为人下。"郭嘉则评价道："备有雄才而甚得众心。"到了后世，大家都在对蜀汉这一偏安一隅的割据政权提出法统的质疑时，是朱熹站了出来，他说道："只有先主（刘备）名分正。"

如果把刘备的行为放在今天，他创立蜀国的过程其实就是在创立自己的团队，这个团队的性质，基本上也是由创业者自身的性格和品行所决定的。作为团队的领袖，如果你不抱着"服人之心"的目的对待他人，而是心甘情愿地付出纯粹、真诚的善意，别人自然也会敬服你，愿意跟随你一起干事业。

> 今有受人之牛羊而为之牧之者，则必为之求牧与刍矣。求牧与刍而不得，则反诸其人乎？抑亦立而视其死与？
> ——《孟子·公孙丑下》

远离责任病毒

我们都听过这样一句话："不在其位，不谋其政。"反过来说，就是"在其位，谋其政"，你站在某个岗位上，就该干好这个岗位该干的事，承担起这个岗位该承担的责任，否则便是渎职。

但是，我们总会发现，有些人在做事时特别容易把责任搞混淆，不该自己负责的，偏偏要把责任揽到自己身上，让自己承担了过多的责任；本来是该自己负责的，又爱推卸责任，把自己变成了一个不负责的人。于是，好人好事便在不知不觉中变成了坏人坏事，最终既影响了人际关系，又影响了事情的顺利推进。

看过《三国演义》的朋友都知道,诸葛亮是一个超级负责的军师,蜀国上下大大小小的事务,他都要参与管理。刘备在位期间,蜀国的五虎上将——关羽、张飞、赵云、黄忠、马超,个个骁勇善战,独当一面。刘备死后,虽然有后主刘禅继位,但蜀国基本由诸葛亮全盘管理。

在今天看来,诸葛亮的工作态度简直无可挑剔,真的是鞠躬尽瘁,死而后已。但我们也看到,诸葛亮去世之后,蜀国已到了"蜀中无大将,廖化作先锋"的地步,根本无人可用。其中最重要的原因,我认为就在于诸葛亮平时管得太多了,既管理朝中事务,又要代替将军决定战局走向,哪怕不在战争现场,也要遥控指挥千军万马。在这种情况下,蜀国那些原本该承担自己责任的君臣、战将,根本就没有了承担责任的压力,自然也无法真正成长起来。

在今天看来,诸葛亮的做事方式就属于不在其位也谋其政了,属于重大缺陷。同样,还有一些人,明明在其位,却不愿或不能承担起自己的责任。

比如,孟子有一次到齐国平陆考察时,就问平陆大夫孔距心:

"如果你这里负责保卫的人一天三次失职，你会开除他吗？"孔距心回答说："哪里还用三次，一次我就把他开除了！"孟子接着说："那你失职的地方可太多了！凶年饥岁，你这里的老百姓，年老体弱的饿死在了山沟里，年轻力壮的就跑到外面逃荒去了，这些人几近千人了。"可是孔距心却摊摊手，回答说："这个不是我能解决的呀！"

孔距心的意思是说，这都是国家体制的问题，不是我个人能解决的，天下就是这样，我权力有限，你让我怎么办呢？说白了，我就是个跑腿的，哪能解决这么多的麻烦事儿！

但是，孟子却给孔距心举了个例子：假如现在有个人，接受别人的委托，替别人放羊，那他的责任肯定是找到草地，让羊吃饱。如果找不到草地，也得找来草料喂羊，想办法让羊活下去。如果找不到草地，也找不到草料，那就应该把羊还给主人，而不是站在旁边，眼睁睁地看着这些羊饿死。

孟子这段话的道理说得非常清晰：你能干就好好干，不能干就让位，别站在位子上还不干实事，白白拿人家的工资。你既然拿了国家俸禄，就得担好自己的职责。而现在你当着官、拿着钱，怎么能说老百姓饿死不是你的错呢？

这段话说得孔距心哑口无言，连忙承认道："这确实是我的罪过呀！"

后来孟子又把这件事汇报给齐宣王，齐宣王也惭愧地说："这是我的罪过呀！"但齐宣王是没办法让位的，所以这件事最终也就无疾而终了。

尽管如此，孟子在这件事中还是阐述清楚了一件事，就是管理学当中的委托代理关系。孔距心相当于现在的职业经理人，作为职业经理人，面对管理中的问题时，你不能说我没办法，我做不到，因为我的上级就这样。这是不行的。你的职责要求你必须在自己有限的范围之内，尽力做出改革和突破，努力把自己分内的事做好。

关于这部分内容，大家可以参考一本书，叫作《责任病毒》。其实我们很多人在生活中都容易中责任病毒的招，比如说，我们身边经常有这样一种人，当你委托他办一件事时，他就会说："好，既然你相信我，那这个事包在我身上，接下来你就不要问了，否则你就是不信任我。"这个人就是中了责任病毒，因为他在为面子办事，他觉得这个责任太重要了，一旦完不成，或者你来问他，会让他很丢面子，诸葛亮就跟这种人很相似。还有一种人，你委托他办点儿事，他有点儿问题就来问，什么责任都不愿承担。这也是中了责任病毒，这种人就像孔距心一样。

要避免责任病毒，最好的办法就是"在其位，谋其政"，你在哪个位置上,就做好哪个位置的事,承担起这个位置的职责。别人委托你办事,你在办事过程中,遇到问题可以找人商量、讨论,但该做决定、该承担责任时,就一定要敢于做决定,敢于承担责任。这才是一个能够承担责任的人该有的心态和样子。

> 心之官则思，思则得之，不思则不得也。此天之所与我者。先立乎其大者，则其小者弗能夺也。此为大人而已矣。
>
> ——《孟子·告子上》

推己及人，善待他人

我有位朋友在一家公司任高管，有一天和我聊天时说，他有个问题很困惑，想跟我交流交流。随后，他告诉我，他一直觉得自己工作是很负责的，每天都会抽出时间巡视大家的工作，给大家开会，激发大家的工作积极性，但是大家的工作效率好像并没有什么明显提高。他就问我："我到底哪一步做错了？"

听到他这番话时，我很讶异，这都是多久以前的老套路了，他竟然还在用！抱着好奇心，我又询问了另外几个在公司里做高管的朋友，结果发现，还真有不少人仍然在使用以前那些老旧的管理模式。在他们看来，要想提高大家的工作效率，就得严格一些，否则大家都不自觉，工作也就不能顺利完成。

但是在我看来，这套方法早就应该被时代淘汰了，因为在公司当中，并不是你每天监管着员工，员工就能认真工作。员工的身心不是你能操控的，只有他们自动自发，自愿工作，才能提高效率。

我们都知道，眼睛和耳朵是我们用来感受外界的重要器官，我们会用眼睛去观看世界上所有的景色，用耳朵去聆听世界上所有的声音。但是在公司里，如果你仅仅是用眼睛去看，用耳朵去听一切事物的话，是根本不可能全面了解员工的。因为你所看到的、听到的，可能只是员工在你的监管之下刻意表现出来的一些麻痹你感官的假象而已，而真实的状况其实与你所了解的相距甚远。

孟子曾经说过一段话："耳目之官不思，而蔽于物。物交物，则引之而已矣。心之官则思，思则得之，不思则不得也。此天之所与我者。先立乎其大者，则其小者弗能夺也。此为大人而已矣。"意思是说，我们的耳朵、眼睛这类器官是不会思考的，所以它们也容易被外物的表象所蒙蔽。一与外物接触，它们就被引向迷途了。而心这个器官的功能才是思考的，并且心一思考，就能寻求到事物的真谛，不思考便得不到。这个器官是上天特意赐予我们的。因此，我们应该先把这个重要的器官利用起来，多用心去思考，这样才能透过事物的表象深入地理解它的本质。不让那些次要的器官喧宾夺主，你才不会被引入迷途。这才是一个大人物该有的样子。

很显然，这里的"心"并不是指人的心脏，古人认为心是思维、思想、情感的器官，只有"心"才能进行思考。现在来看，古人所说的"心"更像是一种带动我们大脑思考的状态，我们常说的做事要用心就是这个意思。

实际上，不管你是一个企业的高管还是普通员工，想要提高员工的工作效率，或者是让别人帮我们做事，首先要做的就是用心思考，寻找真正能够调动大家做事积极性的方法。比如，你是个管理者，那你就要用心想一下，甚至要推己及人，换位思考：员工都是普通人，有自己的工作目标和努力的条件。你自己能够每天精神抖擞地工作，那是因为公司的发展与你自身的利益息息相关，公司发展得越好，你获得的回报就越丰厚。但是作为员工，大家工作的目的就是生活，即使他们跟你一样努力，获得的报酬可能也十分有限。在这种情况下，你怎么能要求员工要和你一样努力呢？

同样，作为普通人，如果你想让别人帮自己办事，那也要换位思考一下：对方帮你做这件事能体现出什么价值，或者获得什么好处？如果这些都没有，你为什么要求对方积极地帮你办事呢？

明白了这个逻辑后，我们就知道了，想要让员工好好工作，提高效率，或者想让人帮我们办事，就要用合适的方法去激发他们工作或做事的热情。比如针对员工，你可以采取绩效制度、股份制度等，员工完成的工作越多，拿到的报酬就越多；员工干得好，还可能获得公司的股份，让员工知道公司发展的好坏也是关系到自己的切身利益的。这样的方式，才有可能让员工真正自主地提高工作效率。

我们平时做事也是如此，如果想让别人全心全意地帮我们做事，我们不但要尊重对方、信任对方，更要善待对方，必要时甚至要把对方的利益和我们的利益捆绑在一起，一损俱损，一荣俱荣。大家都能推己及人，一起努力，最后才有可能都获得可观的利益；相反，你天天只想让对方付出，却不愿意把利益多分一些给对方，那谁会愿意跟着你干这种费力不讨好的事呢？

> 夫天未欲平治天下也；如欲平治天下，当今之世，舍我其谁也？
>
> ——《孟子·公孙丑下》

用使命感凝聚人心

很多朋友都看过这样一个故事：

一个记者见三个建筑工人正在工地上工作，就走过去分别采访了他们。记者问第一个工人："请问你现在在干什么？"回答："我在砌墙。"记者又问了第二个人同样的问题，回答："我在建房子。"记者又问了第三个人，回答："我在建设一座美丽的城市。"几年后，记者跟踪采访，发现第一个人依然是建筑工人，第二个人成了建筑设计师，而第三个人已经是一个房地产公司的老板了。

这个故事说明了什么？说明人对事物的认知不一样、格局不同、使命感不同，人生走向也将大不相同。就像冯仑曾经说过的一句话："我研究过很多赚了钱的人，后来发现赚最多钱的人实际上是追求理想、顺便赚钱的人。但是，他们顺便赚的钱却比追求金钱、顺便谈谈理想的人要多。"

说起使命感，很多人觉得这就是个口号，是距离自己很远的东西。其实，每个人在做事时都应该拥有自己的使命感，而使命感也是一种能够帮助我们坚持把一件事做下去、做成功的伟大力量。

举个例子，大家都熟悉的华为，这个名字就是带着"中华有为"的目标和梦想而出现的。创业之初，即使华为遭受了无数重创，创始人任正非先生仍然坚持"中华有为"。因为当时的通信产业几乎完全被国际巨头所主导，而任正非所坚持的，就是想让国际通信行业中有中国的企业。这就是一种使命感。带着这份使命感，华为才拥有了今天的成就。

再比如我创立的樊登读书，我们的使命是帮助3亿中国人养成阅读习惯，通过知识的传播改善自我，造福社会。这种使命感也让我们读书会中的每一个员工都可以通过一本本书的解读和知识的传播，把这一目标播种到越来越多的人心中，让读书会变成一场品牌、代理商、粉丝多方参与的共情与共谋。所以，我现在经常跟员工说，我们真的是一个有使命感的读书会。

关于使命感，不光我们现代人做事、创业时应该重视，古人也非常重视。在《孟子》当中就记载了这样一件事：孟子在齐国没能实施自己的仁政，失望地离开了齐国。路上，孟子的弟子充虞见老师闷闷不乐，就说："老师之前不是跟我们讲过，不怨天、不尤人吗？现在离开怎么不高兴呢？"

孟子回答说："此一时，彼一时呀！以前我只做学问，欣然自得，但现在我却希望自己能够辅世安民，施展抱负。按照时势来说，五百年就会出一位圣人，现在还没出现，大概是上天还不想让这天下太平吧！但如果要平治天下，在当今这个世界上，除了我，还能有谁呢？"

我当时在读这段内容时，就有些不理解，孟子为什么会这么自信，觉得天下的问题就是自己的责任呢？与孟子同样自信的还有孔子，孔子在《论语》中多次强调，就算是有人要害自己，他们也害不了，因为自己是带着天命的人。甚至还有仪封人（镇守边疆的小官吏）专门请求拜见孔子，至于见面后两人说了什么，《论语》中并没有记载，但仪封人拜见完孔子出来后，却对孔子的弟子们说了一句话："天下之无道也久矣，天将以夫子为木铎。"他把孔子比作木铎，意思是说，天下无道已经很久了，上天将会通过夫子（孔子）来唤醒世人。

我就在想，这些人为什么会这么自信，认为自己就是那个上天派下来教化民众，让世间无道变为有道的人？后来我明白了，这就是一种自我强大的使命感。正是这种强大的使命感，促使他们以"舍我其谁"的自信，以"欲正人心"的担当和责任，到各个国家去游说诸侯，推行自己的仁政王道。虽然最终他们的理想破灭了，但历史却证明，孔子、孟子的思想至今仍然熠熠生辉，影响着人类历史的发展。

回到我们现在做事的问题上来，如果我们在做任何事情时，都能让自己和团队中的每个人产生一种使命感，那么我们就会对自己所做的事情产生更多的责任感。稻盛和夫曾说过，一个人只有同时具备了使命感和责任感，才会充满激情地投身到自己所从事的事业当中。而想要把事情做得更好、更完美，也只有我们和团队人员都能积极主动地参与到事情当中，并为了共同目标相互团结成为一个牢固的集体时，才有可能让目标变成现实。

> 乃若其情，则可以为善矣，乃所谓善也。
> 若夫为不善，非才之罪也。
>
> ——《孟子·告子上》

激发人性中的善意

现代管理学之父彼得·德鲁克说过，管理的本质就是激发和释放每一个人的善意。我认为，这不光是管理的本质，也是我们为人处世的本质。做任何事，都应该以人为中心，以人为出发点和落脚点，做到面向人、尊重人、理解人、培养人。

一直以来，孟子都主张人性本善，但总有一些好事者拿告子的"性无善无不善也""性可以为善，可以为不善""有性善，有性不善"这三个观点来质疑，孟子的弟子公都子有时感觉很困惑，就来跟孟子探讨这三个观点。

实际上，这三个观点都是告子的理论。他认为，人性会随着周围环境的变化而变化，就像把水注到容器里，容器是什么形状，水就是什么形状。这是第一个观点。其次，他还认为，人性是没有规律的，可以好，也可以不好。这是第二个观点。此外，告子还拿周文王和周武王来举例子，说"是故文武兴，则民好善"，周文王和周武王兴起来的时候，老百姓也变得很善良，人与人之间变得和气了；而"幽厉兴，则民好暴"，到了周幽王、周厉王的时候，社会环境就变得很恶劣了，周幽王贪婪腐败，周厉王暴虐成性，他们的老百姓也变得很凶残、爱打仗。所以，他提出第三个观点，就是"有性善，有性不善"，有的人的性是善的，有的人的性是不善的，这是有区分的。他还以尧舜来举例，"是故以尧为君而有象"，尧为君的时候很英明，结果竟然还有象这样的坏人出现；而"以瞽瞍为父而有舜"，虽然有瞽瞍这么不善的人，却生下了舜这样善良的儿子。为什么会这样呢？因为象和舜的本性不一样，象的本性就是不善，舜的本性就是善。

公都子跟孟子讲完上面这三个观点后，就对孟子说："今曰性善，然则彼皆非与？"您总是说人性本善，难道前面说的这些观点全都是错的吗？

孟子见自己的弟子没有开窍，就回答说："乃若其情，则可以为善矣，乃所谓善也。"意思是，只要你顺着人性本身走，就可以做到善。这才是孟子所说的性善。

回到我们的现代生活当中，我们与人相处、与人共事，也同样要顺着人性本身走。我们与之共事的对象是人，所以所有行为都离不开对人性的思考。只有顺应人性，学会激发人性中的善意，才能让事情变得简单，变得更容易解决和处理。

我以前讲过《梁漱溟先生讲孔孟》这本书，在"性善论"这部分内容中，梁漱溟先生指出，人性本身是可以为善的，这是一种将然的状态。所以，只要你愿意朝善的方向去引导他人，人性本身自然就可以做出很多善的事来，这也是孟子想要成功推行仁政的一个非常重要的理论基础。你想想看，如果国君推行仁政，但是人心都很坏，那么仁政肯定就没办法施行，因为大家都不想做善事嘛！要想成功地实施仁政，前提一定是人性本善，大家都愿意做善事，这时仁政才有可能被推行。"若夫为不善，非才之罪也"，如果有些人做了坏事，那不是他天赋资质的错。也就是说，这些人并不是天性就喜欢做错事，而是受后天某些因素的影响，才做了错事。

实际上，如果我们自己首先做一个善良的人，然后再去引导人们看到更多美好的事物，是完全可以激发出人性中的善的。我之前读过一本书，叫作《人性中的善良天使》，里面写道，人天生爱打架、会杀人，但其实人性中真的有一个善良天使。

这里面有个实验很有趣,就是证明人性中真的有善良天使这种东西。心理学家先找来两个人,告诉其中一个人说,我要让你们两个人参与我的实验,这个实验中有两份工作,一份是计数,就是在对方做一个动作时,你记一下数就行了;另一份工作是做数学题。现在,请你来分配工作,但最终给你们两人的报酬是一样的。

很显然,计数比做数学题要简单得多。于是,这个人就给自己分配了计数的工作,而给另一个人分配了做数学题的工作。而当实验者问这个人,你觉得这样做公平吗?他回答说"公平",并且给出了一定的理由。但是,当实验者又找来第三个人,请他来评价一下这两份工作的分配是否公平时,第三个人的回答是"很明显不公平"。

所以你看,当站在第三者的角度看这个问题时,就能看出是否公平;而当事人深陷其中时,就觉得自己这么做没什么错。那么,这是不是就说明人性中没有善良天使呢?

接下来,实验者又出了一道题,让这个人在很短的时间内记住一长串的数字,如果记不住,实验就算失败,他就拿不到那份报酬。这时实验者问他,你现在觉得自己做的事公平吗?他的回答是"不公平"。

为什么自己选择简单的工作时,他会觉得公平,而让他做复杂的工作时，他又认为不公平了呢？

原因就在于，当他不需要做很难的事情时，他是在用自己的功利性计算得失，而不是凭本性和良知在做这件事；而当他自己要做更艰难的事情时，他的第一反应才是内心真正的想法。在禅宗中，这种方法叫作"打断你的意识流"，而实验者就是想用一个更难的工作来打断这个人的逻辑思维，打破他自我辩护的方法，让他用本来的天性说出实话。这就是人性中的善良天使，也就是王阳明所讲的：我们每个人心中自有一个良知在。

所以你看，每个人的头脑中都存在一个真相，那就是人性中的善。如果能激发出一个人人性中的这份善意的良知，再去与之做事，是不是就能在彼此间多出一分真诚、减少很多算计呢？

第六章

突破自我，跳出舒适圈

> 故汤之于伊尹，学焉而后臣之，故不劳而王；桓公之于管仲，学焉而后臣之，故不劳而霸。
>
> ——《孟子·公孙丑下》

多与比自己强的人打交道

在做事时，如果我们想把事情做得更好、更完美，除了自身努力和机遇，还离不开一个重要因素，就是你身边的人对你的帮助和支持。互联网时代的社交生活，就是一种典型的圈子文化，你想要提升自己，就要进入不同的圈子，多跟比自己强的人打交道。与强者并立，你才能永远保持虚心，并且满怀斗志，不会轻易倦怠。

但是，现在很多人不愿意这样做，或者受自身局限性的制约，不喜欢跟比自己强的人交往共事，反而喜欢找那些学识、能力、眼界等都不如自己的人在一起，认为这样的人容易管理，或者什么都愿意听自己的,能让自己有掌控感。而事实上,这恰恰限制了自己能力的提升。

在《孟子·公孙丑下》中有这样一篇小故事:

孟子在齐国期间,有一天,齐宣王派人来对孟子说:"我今天本来想去拜访您,但我生病了,去不了,如果您能来,我就勉强上个朝,不知道您能不能来呢?"

孟子一听,有些生气,就对使者推脱说自己也生病了,去不了。但是第二天,他就明目张胆地去参加一个朋友的葬礼,还跑到另一个朋友景丑氏家住了一晚上。

景丑氏认为孟子的行为是对齐宣王不尊敬。孟子却说:"臣子事君,以道自重,这是君子的立身之节。天下所尊崇的大概有三样:爵位、年齿和品德。朝廷尊崇的是爵位,乡党尊崇的是年齿,而辅佐君主,治国安民,尊崇的是品德。齐宣王虽然爵位至尊,但在三尊之中,论齿论德,我占了两样,他怎么能凭借一样就轻慢我呢?"

孟子接着说:"商汤因为虚心向伊尹学习,几乎没费力气便王天下;齐桓公因为主动向管仲学习,并以他为臣,几乎没费力气就霸诸侯。现在各国大小都差不多,但谁都没有称王称霸,原因就在于各国君主只喜欢那些顺从自己的人，而不重用能教导自己的人。"

这个小故事所讲的就是齐宣王的用人问题。孟子本来是齐宣王请来辅佐自己的，相当于帝王之师，齐宣王本应该以礼相待，谦虚地向他求教，就像三国时期的刘备三顾茅庐去请诸葛亮一样，要恭恭敬敬地亲自拜访，向人家请教治国策略才行，"故将大有为之君，必有所不召之臣"。但是，他不但没主动拜访，反而对孟子呼来喝去，说我不想去见你，你想来就自己来吧！对于孟子这种特别重视礼教的人来说，怎么能接受自己被这样对待呢？

当然，如果是站在君臣或上下级的角度来看，孟子的行为好像是有些不合规矩，但这里还蕴含着更深刻的道理，就是我们平时到底要跟什么样的人接触共事？

在我看来，我们就是应该多与那些比自己能力强的人接触，让这些人为自己提供帮助，创造价值。我讲过《一个广告人的自白》这本书，作者大卫·奥格威是奥美广告的创始人，他在书中就分享了自己的一些做事方式，很值得我们深思。

在奥美公司，每当一个员工被提拔到管理层时，大卫·奥格威都会送给他一套俄罗斯套娃。一开始大家很不理解，等他们把套娃打开，发现里面的套娃一个比一个小，而当他们打开最里面的娃娃时,就会看到一个小纸条,上面是奥格威写的一段话:"如果你经常雇用比自己弱小的员工,将来我们就会变成一家侏儒公司。相反,如果你每次都雇用比自己强大的人,日后我们必定会成为一家巨人公司。"

这里就蕴含了孟子所倡导的思想,不管是作为一国之君,还是一个企业家,抑或是一个普通人,都应该时刻抱有谦逊之心,愿意去发现和接触那些比自己有才学、有能力的人,让他们发挥自己所不具备的才华和能力,帮助自己来管理国家、管理企业或者提升能力,这样才能让国家更强大,让企业发展得更好,也让自己的能力提高得更快。

遗憾的是,很多人常常一边抱怨人才难遇,一边又在玩着俄罗斯套娃游戏,潜意识中只愿意接触那些比自己能力弱的人,希望能在这些人面前展现出自己的优越感。如此下去,这种人际关系只会对自己造成消耗和磨损。这就像你站在高处,别人站在低处,他们与你接触交往,是在接受你的能量;而你与他们接触交往,就是在消耗自己的能量。当你在一个圈子里已经成为老大,那就说明这个圈子已经不是在帮助你成长,而是在不断消耗你的能量了。

说到底,不愿意接触交往比自己强的人,不愿意看到那些比自己更强的人来领导自己,指出自己的问题,告诉自己该怎么做，只能说一个人的格局有问题。如果不能突破这一点，你就只能永远原地踏步。

所以，我经常跟员工说，我们要敢于跳出自己的舒适圈，多跟比自己厉害的人、层次更高的人以及一些经验更加丰富的人接触，学习他们的学识、思维、做事风格，我觉得这是一个提升我们个人能力的非常好的途径。

> 君之视臣如手足，则臣视君如腹心；君之视臣如犬马，则臣视君如国人；君之视臣如土芥，则臣视君如寇雠。
>
> ——《孟子·离娄下》

彼此尊重，才能共同成长

孟子曾经跟齐宣王说过一段很有名的话："君之视臣如手足，则臣视君如腹心；君之视臣如犬马，则臣视君如国人；君之视臣如土芥，则臣视君如寇雠。"意思是说，如果君主对待臣子如同自己的手足一样，臣子看待君主就会如同自己的腹心；如果君主看待臣子如同犬马，臣子看待君主就如同路人；君主看待臣子如同泥土草芥，臣子看待君主就会如同强盗仇敌。

简而言之，君臣之间并不是无条件的，而是相互的，国君对我好，我会忠诚地为你效力；你对我不好，不尊重我，甚至看不起我、侮辱我，那我也把你当敌人对待。

如果我们把这个道理运用到现在的社会中，就可以理解为上级要对下级以礼相待，尊重下级，善待下级，这样下级才有可能死心塌地地为上级服务。不管在什么情况下，都需要以人心换人心，别人怎么对待你，取决于你怎么对待别人。如果你不关心别人，不礼遇人才，脑子里整天琢磨自己的利益，却要求别人敬业奉献，那又怎么可能呢？

但是，偏偏就有这样的上级，比如齐宣王。他对孟子说，根据礼法规定，一个人就算退休了，离开了之前的职位，但君主身故，他依然要为先前侍奉过的君主穿丧服。那我怎么做，才能让臣子以后也能为我服丧呢？

孟子就告诉齐宣王，说你至少要做到三有"礼"：第一，别人劝你的事，你要能听进去；你对老百姓要有恩惠，让老百姓过上好日子。第二，如果有大臣想离开你，或者想回家养老，你应该派人送他离开国境，或者派人安排好他的衣食住行。第三，如果大臣离开你，要等三年后你再收回他的封地、住宅，不要人家刚走，你就急匆匆地收回。做到这三点，"则为之服矣"，才会有人为你穿丧服。

这三点都不难理解。如果君主不听劝谏，也不造福于民，对老百姓没有恩惠；大臣离开后，不但不善待人家，还半路捉拿甚至截杀人家，自然无法赢得人心。这就像张艺谋导演的电影《满城尽带黄金甲》中的一个片段一样，一个大臣辞官还乡，皇帝却在大臣回乡的路上安排了许多杀手，想把大臣杀掉。还有的是大臣刚走，君主就急慌慌地把人家的府邸、田地统统收走。这样做简直就像仇人一样，怎么能让臣子死心塌地地为自己效力呢？

孟子所讲的这些，与我在樊登读书中讲的一本名叫《联盟》的书中的观点很相似。这本书就指出，现在很多企业在员工离职时，双方经常会变成仇人。

我以前就听一个朋友跟我讲过，他原本在一家大公司工作，后来出于某些原因被解职。他跟我说，他离职的流程是这样的：早晨去公司上班时，到门口拿出门卡一刷，发现"嘀——"的一声，门禁灯变红了，门没开，自己进不去。他还很奇怪，难道门卡坏了吗？

这时，从里面出来四个保安，告诉他说："对不起，你已经被解职了，现在麻烦你进去跟我们收拾东西。"然后几个保安围着他，来到他的工位，告诉他说，你只能收拾自己的私人物品，但不能动电脑。他说我电脑里还有自己的东西呢，保安告诉他，电脑里都是公司的东西，如果我们发现里面有私人的东西，我们会删掉，你就放心离开吧。

接着，保安盯着他收完东西，让他抱着箱子去财务处结清工资，最后把他送出了大门。

这个人出来后，逢人就骂他的前公司，后来还打了一次官司，跟公司纠缠了大半年才消停。

为什么会出现这样的结果？

因为"君之视臣如土芥，则臣视君如寇雠"。我在讲《联盟》这本书时，里面的观点让我很震撼。它指出，员工即使离职后，也仍然可以成为公司非常重要的联盟伙伴。公司对员工稍微好一点，对员工有一些情感，员工离开后，也可以把这些人再聚在一起，和他们经常聊聊天，甚至可以互相做做生意，介绍更多的资源。这时你会发现，那些离开公司很久的人，依然会把他的前公司当成是让他成长的一所学校，有什么资源也愿意彼此分享。

这就是《联盟》中的概念。

孟子跟齐宣王所讲的，就是人力资源管理中一个非常重要的概念：让员工利益与公司利益合二为一。这两个方向是完全可以一致的，但由于一些企业管理者自身的自私、狭隘，缺少格局，和员工之间矛盾重重，结果最终损失的是公司的利益和管理者自身的利益。就像明朝首辅张居正死的时候，万历皇帝做的第一件事便是没收了他所有的田产,颇有人走茶凉的意味。

　　放在现代的生活当中,这个观点同样成立。不管是员工还是朋友,都不是我们的私有财产,我们应该把格局放大一些,把他们当成我们生活和事业上的朋友和伙伴,把彼此的利益放在一起。这样,你才能增强自身凝聚力,并把这种凝聚力潜移默化地灌输到身边每个人心中,也才有可能得到对方积极的回馈。

> 独乐乐，与人乐乐，孰乐？
> ——《孟子·梁惠王下》

员工的干劲都是领导给的

我的第一份工作是在中央电视台《实话实说》栏目组，直属上司是崔永元老师。当时在录制节目的间隙，我们节目组会供应各种各样的饮料：矿泉水、酸奶、咖啡等，大家都随便喝，而同期央视的其他栏目组就没有这么好的待遇，一般只有矿泉水。我当时很不理解，就问崔老师："老师，我们只是录个像而已，喝水就可以了，为什么还要花钱买这么多饮料呢？"

崔老师说："你说得没错，每次买饮料确实花了不少钱。但我这么做是想让大家知道，我们栏目干什么都比其他组强,就连喝的饮料都比他们种类多。"

我想了想,确实是这样:当时其他组的盒饭标准是15元一盒,而我们组是30元一盒,配菜种类比他们更加丰富;踢足球踢不过《东方时空》组,崔老师就给我们配备了全套的名牌护膝、护腕,让我们在装备上胜出……

那时候,我们节目组的所有成员都特别有干劲,对工作更是投入了百分之二百的精力,并且全都是心甘情愿的。在大家的共同努力下,《实话实说》也成为当时全国最火爆的谈话类节目。

我举这个例子是想说,在生活和工作中,不管我们做任何事,要想把事情做好,都与参与其中的每个人的努力是分不开的。而大家之所以愿意倾尽全力地付出,是因为从这个团队当中获得了尊重,获得了力量和干劲儿。

孟子和梁惠王曾讨论过一个关于"独乐乐还是众乐乐"的话题。孟子认为,作为一国之君,如果梁惠王在爱好音乐的同时,还能考虑到百姓的愿望,那么王道就已经实现了,就能让天下人心归附,也就能成为天下之主了。

这个故事所揭示的,就是一个团队的领导者应该怎样管理团队成员的问题。你能考虑到其中每一位成员的需求和利益,能够与大家"同乐",与大家分享利益,而不是"独乐乐",往往就能有效地领导团队成员,激发起大家的工作积极性。

但是,很多人是做不到这一点的,在他们心中,不管是生活还是工作,自己的利益最重要,其他人都要围着自己转。我以前在讲领导力的时候,就曾告诉企业家们,不要把员工当成自己的私有财产,每个员工都是独立的个体,都有自己的精神、思想和内在需求。为什么现在很多企业的员工离职率越来越高?我的一些做企业的朋友在跟我聊天时也会纷纷"吐槽":"你说他们为什么动不动就离职呢?我明明给的薪资不低呀,每个月都一两万了,他竟然还要跳槽,真是没良心!"

如果我们稍微换位思考一下,这个问题并不难理解。你认为每个月给员工一两万的薪资已经很高了,那么当年你在拿着这样的薪资时,为什么还要出来自己创业呢?难道不是想有更高的提升,想要获得更大的发展吗?推己及人,员工有类似的想法,或者做出离职的举动,也就没什么意外了。

之前我讲过一本书,是一位网络主播写的,这本书中有个案例特别有意思。这位主播在刚刚创业时,自己开了个小工厂,没什么经验,就向一个正在开工厂的朋友请教。结果这个朋友也没多少经验,还跟她讲了一件更让人头疼的事：由于之前他的厂子处于启动阶段，资金有限，工人的伙食不太好，他感觉工人每天工作挺辛苦的，于是有一天下班后，他就想犒劳犒劳大家，带大家去饭店吃了一顿海鲜。

原本以为自己这样做可以在工人中拉好感，然而让他没想到的是，没过多久，一半工人都辞职了。经过了解之后他才知道，原来工人们觉得老板既然能请他们吃海鲜，肯定是赚到了大钱，但是却没给他们涨工资，心里觉得很不爽。于是大家一合计，干脆撂挑子不干了。

老板请员工吃海鲜，出发点肯定是好的，但问题出在哪儿了呢？就出在没有换位思考，没有真正地急人所急。工人赚的都是辛苦钱，对每一分薪水都格外在乎，相对于一顿海鲜来说，他们更希望老板赚到钱后，能相应地提高他们的薪水，给他们多发点钱。老板请他们吃饭，他们不觉得老板在照顾他们，但如果多给他们发点钱，他们肯定觉得老板很理解他们的辛苦，以后工作起来也卖力、更有干劲。要知道，只有看得到的利益，才能激励奔跑的人。

所以，如果你也是一位领导者，我建议你也能像孟子说的那样，学会"与民同乐"，善于解决团队成员的真实需求。因为只有大家的需求得到了基本保障，他们才会逼迫自己跟上领导者伟大的梦想。对于基层员工来说更是如此，你每天跟他们谈愿景、谈情怀、谈战略，那都太远太飘了，唯有帮他们解决了自己最关注的问题，他们内在的积极性才会被调动起来，而这也是最能体现出一个领导者管理策略和情怀的地方。

狗彘食人食而不知检，涂有饿莩而不知发，人死，则曰："非我也，岁也。"是何异于刺人而杀之，曰："非我也，兵也。"王无罪岁，斯天下之民至焉。

——《孟子·梁惠王上》

遇到问题多从自己身上找原因

我在讲课时，经常会遇到一些企业管理者问我："樊老师，我在管理公司时已经是尽心尽力了，公司有什么事我都第一时间顶上，从无怨言。我觉得很多公司管理者都不如我尽心，可为什么我的公司发展并不好呢？"

这个问题一下子让我想起梁惠王曾经问孟子的一个问题，这个问题让梁惠王困惑很久。他问孟子：你看，我治理国家也算是尽心的，河内地区闹灾荒，我就把百姓迁到河东，还把河东的粮食运到河内赈灾；如果河东闹灾荒，我也这么做。我看周边国家就没有比我更尽心的，怎么邻国人口不见少，而我的人口也不见增加呢？

当时是农业社会，各个诸侯国基本都以国内人数的多少来衡量国力，人口就是战斗力、生产力，是国家强盛的象征。当时的人口也可以随便流动，老百姓想去哪个国家，只要背上家当，带上家人，就可以去了。所以梁惠王不理解：我明明已经这么尽心尽力了，怎么就不见成效呢？

对于梁惠王的问题，孟子并没直接回答，而是给梁惠王打了个很有意思的比喻，说两军打仗时，战鼓一响，兵器一碰撞，就有士兵丢盔卸甲，拖着兵器逃跑了。有的人跑了一百步停下来，跑了五十步的人看见了，就嘲笑跑一百步的人胆小。大王认为，士兵这样做对吗？

这就是我们常说的"五十步笑百步"，你自己明明犯了错，只不过程度稍轻些而已，却毫无自知之明地嘲笑别人。梁惠王知道这肯定是不对的，所以孟子就说："大王若明白这个道理，就别奢望自己国家的老百姓比邻国多了。"

梁惠王的心态，就像那些咨询我的企业管理者的心态一样，这里就涉及尽心尽力这个问题。在我看来，一件事没做好，其根源在于做事的人没有全身心地去思考，去寻找解决问题的有效措施，而不是自己做了所谓的努力后，自我感动一番，称自己已经尽心尽力了。就像梁惠王一样，作为一国之君、最高领导者，仅仅因为自己赈灾了，就以仁君圣主自居，却没有好好从自己身上找原因、找责任，效果不好就发牢骚、抱怨不公，这是无论如何也成不了大事的。

我给大家讲个笑话，说有三个人干活，一个人挖坑，另一个人过来把坑填上，然后第一个人走两步又挖一个坑，另一个人再过来填上……

有人看到了，就觉得很奇怪，走过来问："你们这是在干什么？"

其中一个人回答说："你看不到吗？我们在种树，我的任务是挖50个坑，他的任务是填50个坑，而种树的那个人今天请假了。"

你看，他们的工作做了吗？确实做了。但有效果吗？完全没有。

这就是现在很多人的心态：我的工作都干了，没效果？那不怨我，因为这是别人造成的，或者说是外部环境造成的，跟我没关系。这是不是很可笑？

所以，孟子又毫不留情面地指出了梁惠王的昏庸做法："狗彘食人食而不知检，涂有饿莩而不知发，人死，则曰：'非我也，岁也。'是何异于刺人而杀之，曰：'非我也，兵也。'王无罪岁，斯天下之民至焉。"大王养的猪狗吃的食物都比人吃的好，路上很多饿死的人也没人管，大王却说这是天灾，跟自己没关系，自己也没办法，这跟自己拿刀捅人后，却说"不是我干的，是刀捅的"有什么区别呢？

这句话说得太有力度了！你作为一个国家的最高领导者，国家出现灾荒，你不在自己身上找责任，却把责任归咎于自然条件，这怎么能把国家治理好呢？

现在很多人做事也是如此，一遇到问题了，首先就是一通抱怨，认为形势不好，环境不佳，接着就把一切责任都归咎于外界因素。可事实上，不论在多糟糕的环境下，仍然有人把事情做得很好，也有人在不断成功。而孟子的观点其实是在告诫我们所有人，遇到问题时，必须先找出问题的根本在哪里。

根本在哪里呢？

就在常识当中。我之前曾讲过一本书叫《论大战略》，里边列举了人类历史上许多伟大的人物，但凡晚年犯下大错的人，基本丧失了对常识的尊重，就像梁惠王一样。孟子说的话都是常识，老百姓能吃饱饭、穿暖衣，过上安稳的日子，肯定就会愿意投奔你，作为一国之君，这样的常识怎么能不懂呢？老百姓不来，自然就是国君丧失了常识。

那么，这些人为什么会丧失常识？

因为他们已经习惯了遵从惯性和博弈，看到别人这样做，自己也跟着这么做，甚至去跟人家比，怕被别人比下去，认为自己做得比别人好一点，就该收获的比别人更多才行。殊不知，越是把关注点放在外界，把责任推到外界条件上，不懂从内部找原因和反省自己，就会越来越偏离常识，偏离你最初的目标。就像案例中两个种树人一样，难道他们不知道怎么种树吗？肯定知道。那为什么挖完坑后直接填上呢？因为他们认为栽树苗是别人的事，跟自己没关系，这就是典型的"事不关己，高高挂起"。

事实上，我们应该遵循这样一个原则：行有不得，反求诸己。没达到目的，就要先反省自己，从自己身上找原因，而不是出现问题先推卸责任。只有多从自身找原因、找责任、找方法，从最符合常识的事情做起，才有可能把事情做好。

> 古之贤王好善而忘势，古之贤士何独不然？乐其道而忘人之势。
>
> ——《孟子·尽心上》

放下自己的"偶像包袱"

一个人的强大，往往来自源源不断的内在力量，包括智慧、勇气、仁爱、节制、卓越等，这些都是一个人真正强大的重要因素。但是在现实生活中，有些人总是觉得要让别人怕自己、服从自己、崇拜自己，才算是真正的强大，所以在面对别人时，总是习惯一副高高在上的傲慢姿态。

心理学家认为，让别人感到傲慢的力量，与让别人心生敬畏的力量是完全不同的。前者只会让人产生逃避的心理，后者却会让人想要亲近他、信任他、拥护他。所以说，当一个人懂得放下身段，放下"偶像包袱"的时候，才是真正变得强大的时候。用孟子的话说，这类人属于"好善而忘势"，就像古代的贤王、贤士一样，"乐其道而忘人之势"。虽然他们可能很有权势，地位很高，但因为追求善言，希望自己能够不断进步，所以会忘记自己的权势和地位，与有德行、有能力、有才学的人倾心相交。

但是在现实社会中，我却遇到很多喜欢装腔作势、故作姿态的人，有些甚至是很有权势和地位的大领导、大企业家。你会发现，他们完全放不下自己的那种成功人士的架子，放不下自己的偶像包袱，表面看起来很有亲和力，能跟你和颜悦色地聊天，可是一遇到问题，他立马就会拍板说："这件事别说了，就得听我的！"这类人会一直执着于自己的权势地位，放不下身段，也很难真正与周围的人打成一片。

而一个真正愿意与你探讨问题的大人物，是不会轻易拍板做决定的，也不会轻易说"这事就得听我的"。相反，他们会虚心地请教别人，听取别人的意见、想法、建议，也会积极地追求事物的真相。就像孔子说的："巍巍乎，舜禹之有天下也而不与焉。"舜、禹这些伟人那么伟大，是天下的统治者，却并没有觉得自己坐拥天下，真是了不起。为什么会了不起呢？因为对他们来说，帝王之位、坐拥天下并不是权力、身份、地位的象征，而是责任的象征，地位越高，责任越大。舜、禹坐拥天下，也不觉得帝王之位多了不起，只不过是在承担更大的责任而已，所以孔子才夸奖他们"巍巍乎"，真了不起呀！

不管是在生活中，还是在职场上，一个人具有这样的素质非常重要。为什么一些人得不到别人的尊敬和认同？为什么一些企业做不大、做不长久？原因就是这些人、这些企业领导者成了自己企业发展的边界。他们放不下自己的身份和地位，放不下自我，时时刻刻都要显示出自己作为一个大人物、一个领导的优越性，不愿意听取别人的意见。时间长了，别人自然也不愿再提意见了，可能连靠近都不想靠近你了。

《老子》当中也有一句话，叫作"后其身而身先，外其身而身存"，意思是你遇事谦让无争，反而能在众人之中领先；将自己的生死置之度外，反而能保全自身性命。如果一个人不时时刻刻都把自己放在第一位，不时时处处都想着自己的权势地位，能够放下自己的身段，多跟周围人交流，允许众人提出不同意见，允许他们指出你的缺点和错误，甚至能接受他们推翻你的决定，那么其能力边界就能不断取得突破，水平不断提升，从而让自己走得更远、更好。

我在公司里就经常跟我的员工说，我在公司说话"不算数"，大家可以畅所欲言，有什么好的想法、建议都要提出来，大家一起探讨、碰撞。我觉得这是一件非常愉快的事，因为我首先知道，我在很多事情上都未必比这些年轻人做得更好。就拿做视频号这件事来说，我完全不知道公司里有几个人在搞视频号，视频号后台各种应用都怎么操作，我也没有概念。但我就是相信，他们可以比我做得更好。

在樊登读书，我们大力倡导一个词，叫"沉浸者"。一个人要想变得不一样，就必须沉浸在一件事情里面，必须认真、专注地思考和钻研。越是沉浸，就越有价值。公司负责视频号的年轻人，他沉浸在这里面，他喜欢这件事，那就让他做好了。我们招一个人，唯一的要求也是，你好好干，你沉浸地干，那你肯定能干好。既然他比我都要操心怎么把工作做好，我又何必瞎操心呢？更何况，如果我管得多，那员工肯定管得少。大家都听老板的，那我就变成公司的瓶颈；每个业务我都管，我就是每个业务的瓶颈。所以，我愿意也敢于放手让他们尽情去做，而不必顾及我这个老板的面子。

当然，要做到这一点也很不容易，因为这会牵扯到大人物、领导者的面子或个人利益问题，甚至是内心的安全感等。如果处理不好这些，稍微听到一点反对意见，就感觉别人要造反了，自己说了不算、没地位了，心理上就接受不了了。这种心态，在任何时候都是很难让自己突破边界的。

> 周公思兼三王，以施四事；其有不合者，仰而思之，夜以继日；幸而得之，坐以待旦。
>
> ——《孟子·离娄下》

低水平的勤奋是在骗自己

我有一个朋友，是做教育行业的。他跟我一样，也是个爱读书的人，不夸张地说，他的家里面铺天盖地的几乎全是书。他每年都会给自己制订年度读书计划，比如一年读100本书，然后再把目标拆分，可能每天要读完二三十页。有时明明自己已经读得很疲惫了，但是为了完成目标，也要坚持下来。两年多下来，他至少读了300本书，听起来是不是很厉害？

然而，有一次我在跟他交谈时，我问他："你每年读那么多书，有没有什么书让你印象特别深刻的？或者是有什么内容让你记忆深刻，影响了你的决策、想法的？"

他想了想,说:"我确实读过不少书,但是这些书现在再拿过来看,我发现大部分都白读了。今天能从书里看到的价值,过去看不到;过去在书中看到的内容,今天记不清。"

乍一看起来,朋友是个非常勤奋、非常努力的人,可为什么没有拿到自己想要的结果呢?原因就是他没有真正理解和消化书中的内容,只是在重复低效率的读书动作。

这里就涉及一个"低水平的勤奋"的问题。我们一直认为,做事只要勤奋,就一定会拿到好的结果,但现在看来根本不是那么回事儿。在很多时候,如果你用的方法不对,真的是努力白费!比如,频繁地举行各种会议,大多数情况下这些会议都是无效的、费时的、无意义的,会让我们没办法专注,没办法按时完成每天的工作。但是,开会却容易给人造成一种错觉,就是我在努力地解决问题,我在积极地取得进展,我在勤奋地推进项目,而事实上,大家可能只是扯皮了几个小时。

在《孟子》一书中,举了很多关于勤奋的例子,比如说大禹。大禹在治理洪水过程中,曾经三过家门而不入,是一个非常勤奋的人。但是,当他因为舜的禅让而成为部落首领之后,他的职位变了,他之前的勤奋行为也随之转变为不爱美酒美食的身体勤奋,以及善听谏言的思想勤奋了,也就是孟子所说的"禹恶旨酒而好善言"。

《孟子·离娄下》还记载："文王视民如伤，望道而未之见。武王不泄迩，不忘远。"周文王统治时期，明明百姓已经安居乐业了，他还觉得百姓受到了伤害，还想着如何保护照顾他们，怎么才能让百姓过得更好。同时，他自己已经是圣人了，却还有一颗求道之心，觉得道无终穷，学无止境。周武王心思缜密，志虑周详，可对身边的人不敢有丝毫疏忽，而是始终保持尊敬；哪怕是对离得远的大臣，也不敢有一丝疏略。这些，都是勤奋的表现，并且都是有效的勤奋。而说起周公，那就更是勤奋的典范了！周武王去世后，周公辅佐成王，天下的重担都落在他身上。他不但继承了文王、武王的遗志，还学习大禹、商汤，把三代圣君的德行都一一推行。当他自己的一些经验跟"三王四事"不合时，他就夜以继日地思索。半夜想通了，就干脆不睡觉，一直坐到天亮，马上就推行。

说到这儿，你可能发现，那些低水平的勤奋往往都表现在体力上，只会埋头苦干，不愿意思考，也不讲究方式方法，结果做事越做越累，效果也不好。而真正的智者会告别低水平的勤奋，积极思考如何用更简洁、更有效的方法解决问题。这就像有句话说的那样：不要用行动上的勤奋掩盖思想上的懒惰。所以如果你经常说：你看我都这么累了，我还能怎么办？我都忙成这样了，还没赚到钱！我要告诉你的是，你一定是没有思考那些更重要的东西。

很多时候，并不是你比别人差，而是你的学习和工作过程中没有讲究更好的方法和策略，光顾着低头走路了，却没有发现旁边还有电梯可以让你更便捷地上楼。

当然，不管怎么说，勤奋是没有错的。"周公吐哺，天下归心。"勤奋应该成为我们每个人都具备的品质。当年周公效法从前三代贤王，集他们的智慧于一身，还无比勤奋，才把事情做好，相比之下，我们普通人应该更加勤奋，才有可能施展自己的抱负，发挥自己的才华。

> 山径之蹊间，介然用之而成路。为间不
> 用，则茅塞之矣。今茅塞子之心矣。
>
> ——《孟子·尽心下》

不要停止思考

现在有一种非常普遍的现象：在工作或生活中，一旦遇到一时难以解决的问题，大家的第一反应就是上网搜索，寻找现成的答案或方法。这确实为我们提供了许多便利，但同时也带来了一个新的问题，就是大家都不愿意思考了。而这种没有经过思考，直接搜索出来的答案，很多时候只能解决一部分问题，或者说只能让我们看到和了解问题的一部分，并不能全面真实地了解问题。

不仅如此，你还会发现，即使你当时搜索了一些问题的答案或方法，过一段时间，你再看到或遇到这个问题时，仍然不知道怎么解决，这时可能会再去搜索……如此反复，同样的问题你可能搜索了不止两遍。但是你想没想过，为什么明明多次搜索出来的答案和方法，你就是记不住呢？

原因很简单，因为你没有经过深入思考，不知道答案的由来，只是被动地接受答案，所以就很难将其储存在你的长期记忆中。唯有经过自己认真思考、探索而得出的答案或方法，才会让人记忆深刻。

孟子曾经说过："山径之蹊间，介然用之而成路。为间不用，则茅塞之矣。"这里其实有两个典故：一个叫"茅塞顿开"；还有一个就是鲁迅先生说的那句话："其实地上本没有路，走的人多了，也便成了路。"这句话实际上是从孟子这里来的。孟子有个弟子，叫高子，是个齐国人。高子一直都想跟孟子学点东西，但又不愿意下苦功，还一天到晚评估自己学到了多少。一旦某段时间感觉自己没什么收获，心里就开始打鼓："哎呀，这个老师是不是不行啊？我跟他也没学到什么呀！"孟子见状，就用这句话批评了他，意思是两座山之间的豁口会有狭窄的小路，如果大家经常走这条路，走的时间长了、次数多了，那这里就真的成了路。但是，如果有一段时间你不从这里走了，那么周围的荒草就会把路堵塞，你就找不到这条路了。最后，孟子总结了一句，说"今茅塞子之心矣",现在你的心就被堵塞了。

孟子想向弟子表达的是,你想要学习,想要真正学到东西,提升自己,就必须经常性地思考,并且不能停止。如果你跟老师学习了道理,却没有放在心上存养,不能笃实去做,那你的心上好不容易打开的那条缝隙,好不容易理清的那一点儿思路,很快又被茅草覆盖了,什么都看不见了。

这个典故其实就是在提醒我们,人一定要时刻保持思考。所谓的思想,也是人们通过思考得出来的想法。你能经常对各种问题保持思考的态度,就能对问题认识得越来越深刻,同时也可能会找到更多的解决方法。相反,如果缺少思考能力,在工作和学习中都人云亦云,接受一些死板的知识,不能举一反三,那么你就永远不能进步,永远也无法突破自我。

你听说过"懒蚂蚁效应"吗?在蚁群当中,大多数蚂蚁都很勤快,每天清理蚁穴、搬运食物、照顾幼蚁,总是忙忙碌碌的。但是,有一些"懒蚂蚁"却整天无所事事,也不干活,只是在蚁群周围东张西望地悠闲度日。有趣的是,一旦蚁群面临危机,比如没有食物了,那些平日里勤快的蚂蚁立刻乱作一团,不知道该怎么办,而那些"懒蚂蚁"则不慌不忙,带着蚁群向新的食物基地转移。

原来,那些"懒蚂蚁"并不是真的懒惰,而是把大部分时间都用在侦察和思考上了。虽然它们每天看起来游手好闲,其实大脑从来没有停止过思考。

不论是先贤孟子,还是今天的"懒蚂蚁效应",其实都在给我们传递一个信息:任何时候,我们都不能停止思考。唯有深度思考,才能真正靠近目标和成就。

经常有书友问我:"樊登老师,为什么我读了那么多书还是没能改变命运呢?"

我就跟他们说:"命运的改变是潜移默化的过程,读书对人生的改变是钟形曲线,一开始是积累的过程。也许你读了很多书也没感觉有什么变化,但总有一天,命运的改变会突然到来,而这一切,都离不开你前面的积累。"

我其实想告诉他们的是,也许你现在看不到自己的学习成果,但持续的学习和思考一定会帮助你不断突破自己的思维局限,让你看到越来越大的世界,收获越来越多的人生财富。

樊登读书能发展到现在的规模,倡导思考的价值是其中一个很重要的因素。我们创立的初衷,就是市场上还没有给别人讲书这一模式,于是抓住了这个全新的机会——教人们通过听书来思考。在这条路上,我们的思考也从未停止,从最初精简书籍内容的PPT(演示文稿)阅读,到后来的微信群语音阅读与探讨,再到现在的樊登阅读 App。从不停止思考,正是樊登读书发展至今,一直能实现用户增长的原因。

这些经历都让我越来越确信,坚持思考,甚至带领身边的人一起思考,我们就一定能开创出一番新天地。

天下固畏齐之强也，今又倍地而不行仁政，是动天下之兵也。

——《孟子·梁惠王下》

合作是为了更好地竞争

说起现代社会上的竞争，大家都不陌生，并且认为这种状态是正常的，是一种市场健康发展的状态。之所以有这样的观念，是因为在以前的时代里资源有限，你得到的多，我得到的就少了，所以每个人都在拼命地为自己争取更多的资源。但是现在越来越多的人意识到，你死我活的竞争并不能让自己得到更好更长久的发展，相反，寻求更多的合作者，甚至与自己的竞争对手建立某些方面的合作，从不是你死就是我活、剑拔弩张的状态到追求双赢，反而可能激发出自己更多的潜力，让自己发展得更好。

这样的例子并不在少数，我举个航空业的例子。在我们看来，各大航空公司彼此之间都是竞争关系，但实际上，航空公司之间的合作非常常见，比如共享航班代码，你买了国航的票，乘坐的可能是东航的飞机。

再比如物流业，美国的 DHL 快递公司，就曾经与自己的"死对头"合作，一起运送包裹。

这些都充分说明，竞争并不是我们唯一的生存状态。《哈佛商业周刊》中曾经总结了一句话：未来，人类会面对越来越庞大的项目，或者项目风险越来越大，到那时，一个人、一个企业甚至一个国家，都无法靠一己之力迎接挑战。在这种情况下，与竞争对手合作是必然的选择。

其实不光是现在，在古代，诸侯国之间也经常合作，共同对抗外敌，像战国时期的"合纵连横"等。所以在当时，一些贤人、智者等也经常与国君讨论这方面的话题。比如，孟子在与齐宣王讨论治国策略时，就涉及这方面的内容。

当时，齐国趁燕国内乱出兵讨伐，占领了燕国，其他诸侯国一看，不干了，因为这打破了之前各国的战略均势，齐国比之前更加强大，对它们的威胁就更大了。于是，各国就开始谋划伐齐救燕。

齐宣王一看各国要联合起来打自己，很害怕，向孟子寻求策略。孟子又给齐宣王举了商汤的例子：我听说当年商汤只有七十里的地盘就能统一天下，却没听说有千里之地的大国还会感到害怕的，关键还在于你是不是施行仁政、是不是代表正义。《尚书》中说：商汤在征讨葛国时，葛国百姓都特别高兴，夹道欢迎，还纷纷说："等我们仁慈的君王来了，原本生不如死的我们就复活了。"商汤对百姓施行仁政，老百姓都支持他，他也最终统一了天下。而现在，燕国就像葛国一样，国君虐待百姓，你去讨伐燕国，百姓还以为你能救他们呢！结果，你不但把人家的亲人都杀了，还毁了人家的宗庙，搬走了人家的国宝，这怎么可以呢？

再说天下其他的国家，"天下固畏齐之强"，这些国家本来就惧怕齐国的强大，现在占领燕国后，齐国的土地又增加了一倍，而你还不实施仁政，还天天想着跟别国打仗，"是动天下之兵也"，各国当然就会联合起来讨伐你了。

这让我想起了之前读过的一本书，书名叫《洪业》，其中讲的是清王朝建立的整个过程。大家知道，明末清初时，很多人都打着"反清复明"的旗号反抗清朝政府，其实在刚开始时，并没有那么多人反对。多铎带着部队到江南时，老百姓基本都是"箪食壶浆"，端着水、端着饭来迎接他们，希望他们能救自己于水火。结果清军入关后不久，为了统治汉人，便开始下令全国剃发，还要老百姓都改穿满族衣冠，不服从者严惩不贷。古人讲究"身体发肤，受之父母"，你剃了人家的头发，人家能愿意吗？所以当时就激起了很多民愤。

孟子说的也是这个道理。你趁火打劫，吞并了别人的国家，抢了人家的东西，虐待人家的百姓，其他国家看到了，心里肯定会想：这不就是我自己国家的明天吗？为了不让这样的"明天"到来，那还不赶紧联合起来灭了你！

所以孟子给齐宣王的建议是："王速出令，反其旄倪，止其重器，谋于燕众，置君而后去之，则犹可及止也。"意思是你赶紧发布命令，放了那些你抓回来的老人和小孩，还回人家的国宝，再和燕国人商量一下，扶立一位新国君。这样，让各国撤军可能还来得及。

现在很多企业经常做收购和兼并，这种做法跟齐宣王占领燕国的做法很相似，但收购和兼并也是最容易出事的。历史上就有很多有名的公司合并，结果做着做着就消失了。当然也有成功的，比如著名的迪士尼公司收购电脑动画巨头皮克斯。当时的皮克斯公司十分紧张，担心自己被迪士尼收购后，就会被并入迪士尼庞大的官僚体系当中，那样一来，皮克斯公司可能就再也没法做出像《玩具总动员》这种富有创意的电影了。

但是，当时迪士尼的首席执行官罗伯特·艾格却对皮克斯公司的人说，我收购皮克斯，不是为了把皮克斯变成我们的，而是因为皮克斯比我们强大，我收购皮克斯是为了更好地实现共赢。

你看，有时强者与强者之间并非都是竞争关系，也可以实现合作，强强联手，把双方的能力和优势更好地发挥出来，让彼此都变得更强，都获得更长远的发展。美国商界有句名言："如果你不能战胜对手，那就加入他们。"现代竞争已不再是你死我活，而是讲求更高层次的合作；企业追求的也不仅仅是单赢，而是双赢或多赢。这也像孟子所说的，只要你能让对方发展更好，能让合作方的员工高兴，那大家就会"箪食壶浆"来跟着你混。

可惜，齐宣王没听孟子的话，所以后来被燕国报复，落得个快速衰落的下场。但这个故事中所蕴含的道理却很清晰，就是你能不能让一个国家或一个企业变得更好，才是你兼并这个国家或收购这个企业，或者是与这个企业合作的一个重要出发点。

第七章 拒绝低效努力

夫人岂以不胜为患哉？弗为耳。

——《孟子·告子下》

做决策需要睿智，更需要勇气

德国文学家歌德曾说过这样一段话：你如果失去了你的财产，那你只失去了你生命中的一点；你如果失去了你的荣誉，那你就失去了你生命中的许多；你如果失去了你生命中所有的勇敢，你就把一切都丢掉了！

对于这段话，我深以为然，因为勇气确实是让我们人类一步步走向今天的重要因素。你一定听说过一个词，叫作"房谋杜断"，说的是唐太宗李世民的两位得力部下，房玄龄和杜如晦。房玄龄多谋，杜如晦善断，两人经常为唐太宗出谋划策，决断机宜，为李唐江山的稳固和繁盛立下了汗马功劳。

还有一个更为耳熟能详的成语,叫作"优柔寡断"。三国时期实力最强大的诸侯袁绍,就是这个成语最真实的写照。在曹操与袁绍的决战中,袁绍本是实力强劲的一方,然而,曹操的谋士郭嘉评论袁绍与曹操的实力对比,提道:"绍多谋少决,失在后事,公策得辄行,应变无穷,此谋胜。"这句话一针见血地指出了袁绍优柔寡断的特点。后来的结果正如郭嘉所言,袁绍在有众多谋士出谋划策的情况下,自己却没有勇气尽快做出决策,而是优柔寡断,拖拖拉拉,最终导致官渡之战的惨败。战败后,袁绍忧愤交加,一病不起,不久就死了。而反观曹操,在取得了官渡之战的胜利后,不但没有停下来,反而一举统一了中国北方地区,为魏晋王朝的建立奠定了基础。

你看,历史就是这么残酷,但又是那么公平。你有能力、有勇气,敢想敢干,就有成功的可能;否则,你就只能眼睁睁看着强者战胜你、取代你。

再举个例子,西晋是在三国乱世之后出现的一个统一王朝,但是它却仅仅存在了 51 年就灭亡了,可谓昙花一现。而它之所以转瞬即逝,根源就在于统治者在管理国家方面太软弱了。比如西晋的开国皇帝晋武帝司马炎,为了保持国内政治的稳定,维护统治阶级的利益,就在各地分封了自己的宗室成员为王，让他们在地方上作为维护皇室的力量。但是，司马炎很快发现，他的这种做法并没有让西晋实现真正的大一统。于是，司马炎就想收回这些权力，可他又害怕收回地方权力会导致地方宗亲的不满，给国家带来动荡，所以就优柔寡断、拖拖拉拉，最终导致各地政权都被宗室所把控。

在国家政策的实施上，司马炎也没有贯彻到底。开国之初，司马炎曾下令反对奢侈，厉行节俭，然而好景不长，宗族自身很快就开始腐败堕落了。这时，司马炎本该果断地加以禁止，可他又碍于宗族情面，不仅没有严厉禁止，还放纵这种行为，导致西晋的宗亲官员都日渐骄奢淫逸，荒废朝政。司马炎的这一切不作为，都为后来的"八王之乱""五胡乱华"等事件埋下了隐患。

任何一个国家在建立时，都不可能事事顺利、完美无缺，这也是最能体现统治者治国才能的时候。统治者睿智、有魄力，就能尽快对国家各项制度进行完善，对各种问题进行修正，从而使国家发展走上正轨。

同样，我们在做任何事情时，一开始也不可能一帆风顺，一样会遭遇各种各样的问题和困难。这时，就是考验我们的智慧、勇气和魄力的时候了。我自己在创业过程中，对这一点就有着非常深刻的感受。

很多人都知道，樊登读书的创立是源于一次很偶然的经历。

2013年，我给一个EMBA班的学生上课，班里有个学生提出，老师你能不能给我们列个书单，然后我们拿着这个书单去书店买书来看。我很高兴地答应了，并且很认真地给他们列了一个书单，大家拿着书单去买书了。

过了一段时间，我又来上课，就问大家："上次给你们列的书单上的书，你们都看得怎么样了？"结果我发现，很多人确实把书买回来了，可是根本就没看，理由各种各样，有的说没时间，有的说看不懂。

这件事启发了我，我就想，要是能帮助他们把书中的精华部分总结提炼出来，分享给大家，他们不用把每本书都读完，不也一样能掌握书中的内容吗？

说干就干，我回去后就精心地做了个PPT，把书中的精华都提炼出来，然后以"付一点费"为门槛，把PPT发给了想看书的同学。

可是过一段时间后，我发现即使这些学生花钱买了我的 PPT，也仍然懒得去看里面的内容。这该怎么办呢？

这时有人给我提了个建议，要不你建个群吧，在群里给大家讲书，大家通过"听"的方式来读书，可能比"看"书更积极。于是，我又尝试了这种方式，发现这种方式比让大家看 PPT 效果更好。

当年年底，我在一场活动中遇到了两位朋友，我们三个人一拍即合，决定借助移动互联网来推广这种优质的读书模式。至此，樊登读书就诞生了。

现在回想一下，如果我当时也优柔寡断，保守妥协，可能就错过了创建樊登读书的好机会。

当然，也有一些人认为，保守地做事会更加稳妥，这其实是进入了一个思想误区。创新有时可能会带来一些问题和失败，但问题和失败越早出现，就代表你还有机会重新再来。想做事，就不要害怕会出问题、会失败，只要敢于去做，就有解决问题的机会，你也才有成功的机会。就像孟子所说的："有人于此，力不能胜一匹雏，则为无力人矣；今日举百钧，则为有力人矣。然则举乌获之任，是亦为乌获而已矣。夫人岂以不胜为患哉？弗为耳。"一个人以前连提起一只鸡的力量都没有，那他就是一个无力之人；如今说能够提起三千金的重量，那他就变成了有力之人。那么要是举得起乌获（战国时期秦国的大力士）能举起的东西，那他就是乌获了。人怎么会以不胜任为忧患呢？只是不敢去做罢了。

当我们有了敢于做事的勇气后，才有可能发挥出自己的潜力和才能，把事情做成。人类社会不就是因为不断地创新和变化，才有了现在的繁荣富强吗？

> 禹之治水，水之道也，是故禹以四海为壑。今吾子以邻国为壑。
>
> ——《孟子·告子下》

以邻为壑换不来独善其身

前段时间，我看到一本讲孔子的书，里面说，这个世界上最大的误解，就是人们以为自私可以带来自利。自利倒是没错，每个人都有自己需要获得的东西嘛！但自私却绝对不会带来自利，不仅如此，如果一个人太自私，还可能会导致人生变得更困难、更焦虑、更痛苦。

曾经就有人问我一个问题："樊老师，都说一些人担心教会徒弟，饿死师傅，所以不敢把自己的核心能力传授给员工，您怎么看这个问题？"

我当时就回答他说："这样的人根本做不成大事，更做不大企业，因为他的手下永远都是一群只懂得执行，不懂得管理和创新的人，自己也注定会被累死。"

其实不管是做企业，还是做其他事情，如果你懂得把自己的利益分享给更多的人，最大程度地激发他人的积极性来和你一起做事，那么你在做事时才会越来越轻松。如此一来，大家都受益，何乐而不为呢？

但是，社会上却偏偏有这样一些人，眼里只看到自己的利益，甚至把自己的利益看得高于一切，把他人的利益看得轻如鸿毛，从来不懂得和衷共济、双赢共赢的道理。《孟子》中就记载了这样一件事：魏国有个叫白圭的人，本事挺大，曾经做过魏国的国相，还善于治水。他经常拿自己跟本领大的人相比，比如尧舜、大禹等，自我膨胀得很厉害。有一次，他还跟孟子吹嘘说："都说大禹会治水，我治水的本领比他还要高呢！"

这个白圭曾经为魏国都城大梁解决过黄河水患，他认为"千里之堤，毁于蚁穴"，于是经常带着人四处找蚂蚁窝，找到后就堵上，并且加固堤坝，把洪水堵住。所以，他认为大禹治水十三年实在没必要，自己的方法比大禹聪明多了。

但是，孟子却毫不留情地揭开了他治水的缺陷："大禹治水，是遵循水道，让水顺流而下，归于大海。而你治水，只是修堤堵河，把邻国当成大水沟，结果魏国的水患确实解除了，但是水流到哪里去了呢？流到邻国去了！水横行泛滥，叫作洚水，洚水就是洪水。你把洪水排到邻国，让邻国受难，这是仁者所厌恶的事情！有什么值得吹嘘的呢？"

这个故事就引申出一个成语，叫作以邻为壑。表面看，白圭治住了洪水，但实际上，他把洪水都"赶"到邻国去了，给邻国带去了灾难，这简直就是一种严重的损人利己、自私自利的行为。所以，对于倡导仁义的孟子来说，他是完全不认同白圭的做法的。

在我们的工作和生活中也有很多以邻为壑的现象，比如我曾经讲过的一本书，叫作《气候经济与人类未来》，是比尔·盖茨写的。书中就说，保护环境、保护气候这件事，必须全世界一起来做，所有国家都要努力。如果其他国家都在努力，有一个国家不遵守，继续排放污染物、温室气体，那么其他国家的努力就会白费，最终整个地球仍然会遭到破坏。所以各国必须达成一致，不能以邻为壑，想着把自己不好的东西排到别的国家去，让别的国家承担。你能想到以邻为壑，邻人也必然会想到以你为壑，那么你的这种自私的做法就不可能换来独善其身，最终结果也只会是害人害己。

所以，我们在做事时，就不能只考虑自己的利益。如果一个人有了这样的思维，当遇到问题时，他的下意识想法就是：

这会不会损害我的利益？如果让我的利益受损了，我就不配合，我才不管会不会影响别人呢！那么这种想法和做法就一定会影响别人的利益，甚至是整体的利益。而最终，处于整体之中的他，利益也同样会受到影响。

真正有智慧、有胸怀的人，往往会想到与人方便，才能与己方便，因而也不会为了一己私利而做出损害他人利益的事情。把困难和祸患转嫁给别人，堵死与别人交流沟通的道路，不但为仁者所恶，还可能导致双输的结果。

> 近圣人之居，若此其甚也。然而无有乎尔，则亦无有乎尔。
>
> ——《孟子·尽心下》

责任心是最大的动力

有人说，世界上最愚蠢的事情，不外乎坐拥好的职位而不去履行应尽的职责。我认为这是对自己的不尊重，也是对自己所从事职业的不尊重。我相信每个人身边都有这样的人，在取得一点小成绩后，就开始变得不思进取了，常常是推着走、凑合过。这种状态后患无穷。首先，这是一种对优越条件的享受，难听点说就是坐享其成；其次，人一旦养成了这种得过且过的习惯，当这个状态被打破时，就会变得十分脆弱，进而大大减弱在遭遇危机时的应对能力。

这种现象在国内一些企业中表现得最为明显。过去，这些企业的创始人和元老不懈努力、刻苦奋斗，把企业做起来了，甚至让企业在国内国际都获得了很好的声誉。但是，当他们把这些做起来的企业交给下一代后，下一代却失去了前进的方向和动力，整日坐享其成，没有一点危机感，认为只要做好自己的本职工作就可以了，没必要再去奋斗了。

但是，我们也看到，随着互联网产业的飞速发展，传统行业遭受了强烈冲击，再加上近年来"黑天鹅"事件频频出现，比如2020年发生的新冠肺炎疫情就对国内外市场产生了巨大影响。这些不确定性因素让一些传统行业所谓的"功劳簿"瞬间变得一文不值，而躺在功劳簿上不思进取的人，也不得不重新认识自己的责任。

责任心是一个人从内心生发出的自觉性心态。当责任心放在学习上，我们就会成为一个认真学习的好学生；当责任心放在工作上，我们就能成为一个负责任、肯承担的员工。可以说，责任心是一个承诺、一种约束、一股动力。

早在两千多年以前，孟子在教育自己学生的时候，为了增加学生的责任心，就对学生们说："我们离孔子的故居这么近，有这么好的条件，如果连我们都无法继承圣人的思想与遗志，恐怕圣人的精神就很难继承下去了。"

孟子当时所住的地方是今天的山东邹城，而孔子的故乡是大家都熟悉的山东曲阜，从今天的地图上可以看到，两地之间相隔只有20多公里。即使是在古代交通不发达的情况下，哪怕步行前往孔子故乡也用不了多久，算是非常近了。孟子当时也明白，这不但代表着他的学习环境是得天独厚的，同时他也被赋予了强大的使命感，他有责任让身边更多的人肩负起学习的责任。所以，他才能成为继孔子之后儒家的又一位集大成者。

想要继承前人的成绩是比较困难的，而要想将其发扬光大更是难上加难，这正是现在很多人知难而退的原因。

我看过一个关于植树造林的故事，年青一代的造林人邀请老一辈的造林人去参观他们造林的成果。

在去往林场的路上，一个年轻的造林人就半开玩笑地对这些老前辈说："那些容易植树的地方，都被你们老几位挑完了，给我们留下的都是那些比登天还难的难题呀！"

那些老前辈听完年轻人的话并没有生气，因为他们知道，当年他们绞尽脑汁都解决不了的难题是什么。所以，当年轻人说他们已经将这些难题都一一攻克的时候，几位老前辈简直不敢相信，连连点头，表示后生可畏。

西班牙哲学家格拉西安在他的著作《智慧书》中写道:"在当今世界,对付某一个人所花的精力物力要比过去对付整整一个民族所花的精力物力还要大。"这说明,我们现在要做好一件事,已经比以前难得多,这也需要我们为此付出更多的努力,承担更大的责任。如果你经常认为自己现在做出点成绩就很了不起了,从而消极懈怠,坐享其成,那会非常危险。我相信用不了多久,你就会被别人落在后面。孟子讲的"生于忧患,死于安乐"说的就是这个道理。

所以,我们在做事时,不但自己要全力以赴,尽心尽责,还要督促和告诫身边的人,不要做出点成绩就沾沾自喜。相反,我们应该不断挖掘自己的优势和潜力,去把事情做得更好,去承担更大的责任。这就好比我在创建樊登读书之初向伙伴们提出的团队使命一样:"我们要帮助3亿中国人养成读书习惯。"话虽然很短,但是每当我想起这句话,都会感到任重而道远,也不会再为眼前已经取得的成绩而沾沾自喜。

> 曾子、子思同道。曾子，师也，父兄也；子思，臣也，微也。曾子、子思易地则皆然。
>
> ——《孟子·离娄下》

每个人都要清楚自己的职责

前几年有个节目叫《见字如面》，有一期节目，演员何冰在现场读了周传基在 2003 年写给时任北京电影学院院长张会军的信。周传基是中国著名电影教育家，陈凯歌、张艺谋等著名导演的老师。这封信里面有一个段落让我怎么也忘不了：周传基在信中提到，他给北影表演系的学生上过课，他在课上问道，如果他们的表演台词观众听不清，怎么办？所有学生的回答都是："说得再大声一点！"他三番五次提点，请学生们重新考虑，可就是没有一个学生知道，听不听得见或听得清不清楚，都与他们无关——那是录音师的事情。

这封信有一个特别醒目的标题——"千万别再找外行了"。在信中，周传基毫不留情地把中国电影行业的现状和未来阐述得鞭辟入里：

……你也许记得，在朱辛庄时，谢飞导演反对设立表演系，我也反对，而且至今极力反对。你知道，有一些买卖人，想要染指电影教育，可他们懂什么？他们的宗旨，是白纸黑字地要培养明星。我的妈呀！明星是炮制出来的，可他们居然要培养。而且一说到电影，他们的心目中就只有明星。一些普通影迷水平的家伙，居然想染指电影教育事业。……你作为电影学院院长，你们的表演系，老师是怎么教的？你们都教些什么？你可以到校园的各个食堂餐厅去观察观察，看看那些表演系的学生和老师是怎么吃饭的，你看看那个吃相，能当演员吗？能教表演吗？……再有，北京电影学院没有剪辑系……你曾跟我说过王副院长在巴黎开会的时候受到的刺激，全世界五十多个大电影学院的校长在场，听说偌大一个北京电影学院没有剪辑系倒有表演系，哄堂大笑。你想想看，国外哪个电影电视学校不是先有剪辑系，而且都是重点系。要知道，剪辑是电影课程当中的一个视听思维训练，语言训练，结构训练，本体训练。……我岂能听外行的呀！任外行人毁这批年轻人……千万别再找外行了，那样北京电影学院就真的永无出头之日了！

读完这封信，我就想到，假如做事时找了个外行来担纲主要负责人的话，那该是一件多么不幸的事。每每想到此处，我就会想起孟子关于曾子的评价。

曾子在武城做客，敌人来了，他带学生们走，临走时对武城人说："别让人住我院子！"后来战斗结束了，曾子要回来，就托人告知武城人说："把我的院子修好，我要回来了！"乍一看，你会感到，曾子这个行为，如何配为人师？作为宾客，贼寇来了你带着弟子逃跑，还不让别人进你院子，等贼寇走了，你要回来，又马上号令别人修葺你的院墙，这有何师德可言？但你看完孟子的解释之后，心中的疑惑就会立刻解开了。孟子阐述的其实是一个非常容易理解的事理：你是什么样的人，就该去做什么样的事。

曾子是客，敌人来了，你让他跟你共同上阵杀敌，这不是闹着玩吗？到了战场上，你是照顾他还是对抗敌人？同样的道理，曾子是明白的。

敌人来了，作为客人，我不带着门生走，难道等着给人家添乱吗？曾子的职责是保护好他的学生，而不是替主家上阵打仗。论及身份，论及职责，曾子在别人的地盘上阵作战，显然是彻彻底底的外行。但子思不同，子思是一国人臣，就要尽到臣民的责任。同样，如果是在曾子所处的国家，曾子就成了人臣，他熟悉本国的布防情况，拥有本国的人脉资源，也就理所当然地成了保家卫国的内行，因而"曾子、子思易地则皆然"。

同样是球类竞技体育运动，马拉多纳如果去搞篮球，还会成为球王吗？

国内一些坐拥庞大资产的房地产头部企业，跨行业以后，付出的代价还不够惨痛吗？

硬要让公司里的行政后勤人员去做销售这样的主营业务，能保证业绩不下滑吗？

让大学历史老师去教统计学，能保证学生学到知识、通过考试吗？

……

然而如今的问题在于，人们都希望自己成为"复合型人才"，或者培养别人成为这样的人才，做到效率最大化，进而有效减少成本，这是十分盲目且违反科学的。你要知道自己擅长做什么，也要知道别人擅长做什么，只有把每个人放在他最适合的位置上，才能让事情的发展始终保持在正轨上，出了问题也才有可能在第一时间得到反馈和解决。

柳下惠不以三公易其介。

——《孟子·尽心上》

不依靠关系解决问题

有人认为,一个人真正成长的标志就是要变得世故圆滑,学会妥协。他们认为,在做事过程中,人情才是基础,因此不应该时时显露自己的能力,让自己过于鹤立鸡群,显得与人群格格不入,而是要学会更好地处理社会关系,与周围人打成一片。

很多人在获得权力、地位后就是如此,做人做事越来越圆滑世故,认为自己有钱有势后,更应该跟人搞好关系,以和为贵,这样以后才好办事。于是,他们会花费大量的时间和精力去维护各种社会关系,认为这样就能获得更多机会,稳固自己的地位。更有一些企业老板,在事业上获得了一些成就、积累了一些资本以后,便逐渐摒弃管理,玩起了"帝王术",以洞察人的心理活动为乐,以处理私人交情为主业,放弃正常的公司运营战略,每天漫无目的地融资、喝茶、布局,然后美其名曰是在学习。

我认为这种行为完全没必要。所谓的人情政治,在一定范围内可能有效,但不管是想把事情做好,还是想把公司经营好,都需要不断提升个人能力。但是,真正的个人能力并不是你展现出来的圆滑世故,或者和周围人或团队里的人称兄道弟,维系感情。

我在《可复制的领导力》一书中就提到,不要把团队视为家庭,因为家庭一般不会因为成员表现不好而惩罚对方,甚至与对方断绝关系。每个家庭中都存在很多矛盾,但是这些矛盾再激烈,也不会影响到家庭成员之间的既定关系。

而周围人和团队则不同,大家都有自己的使命,你的任务,应该是和周围人或团队成员一起努力,共同完成你们的目标或工作任务。而为了达成这个目标,大家都要积极地参与其中,并且将那些不符合要求的成员剔除出去。如果你过于圆滑世故,谁都不想得罪,你们的团队效率肯定会大大降低。

孟子曾经说过一句话:"柳下惠不以三公易其介。"意思是说,柳下惠不会因为自己做上了三公那样的大官,就改变自己的品行和操守。

说起柳下惠这个人，大家应该不陌生，其中最著名的典故就是"柳下惠坐怀不乱"，但柳下惠的事迹可远不止这些。柳下惠是春秋时期鲁国人，曾经在鲁国做士师，用现在的话说，就是一个法官。但是，他却因为过于正直而在做官期间被三次罢免，继而又被三次恢复官职。有人就为他打抱不平，对他说："先生，您何必非要在鲁国任职呢？鲁公等人根本就不尊重您。您自己的国家容不下您，何必一定要干！以您的才华，到别的国家去肯定能获得更好的职位。"

而柳下惠却说："一个人始终用正直之道来做官，并一直秉公办案，终究是会让有些人不满、被这些人排挤的，所以去哪里，我都有可能会被罢免。但是，要我不用正直之道来侍奉人，违背自己的操守去融入这些人，我又为什么一定要离开故国家园呢？"

柳下惠的这种坚持操守的品德被后世广为流传，因此也赢得了孟子的赞誉。

孟子其实是想用柳下惠不论进退皆坚守自己操守的事例告

诉我们，人可贵可贱、可富可穷，但是绝对不能越过"操守"这一底线。柳下惠身处三公这样的高位，也只是把它看成是能服务和贡献的岗位，而不是跟周围人、跟属下搞好关系的资本，更不会借此去盘剥、榨取别人。不论在何种情况下，做事都是出于公心，坚持自身的操守，这才是一个领导者该有的样子。

这就为我们现在做事和解决问题提供了一个很好的参考，很多时候，我们与人共事时，就是为了完成一个共同的目标。而要实现这个目标，团队中的每个人就应该优势互补，分工协作，就像一支球队一样，有前锋、有中场，还有守门员，分工不同，技能不同。这支球队想赢球，除了个人技巧、明星发挥，更重要的就是团队成员的互相配合，互相补防，最终才有可能赢球。如果团队配合不行，即使队长再厉害，跟队员关系再好，也解决不了实际问题。

所以，想要高效地做事，就要学习柳下惠的这种境界，不要被各种所谓的社会潜规则所影响，知道自己身处什么位置、该做什么事，才是最重要的，这样才更容易解决实际问题，实现目标。如果你能带领一个团队去不断实现一个个目标的话，那么团队中的每个成员也都会从中获得利益，由此大家也更愿意与你团结互助。这种凝聚力，也一定比你世故圆滑地拉关系所产生的作用更明显，也会更加牢固可靠。

> 人之有德慧术知者，恒存乎疢疾。独孤臣孽子，其操心也危，其虑患也深，故达。
>
> ——《孟子·尽心上》

创新往往发生在"边缘地带"

我曾跟李善友教授讨论过一个问题，就是他的著作《第二曲线创新》中的"第二曲线"理论到底是如何产生的？

李教授告诉我，他年轻时的梦想是当一名老师，但大学毕业后却阴差阳错地当了一名职业经理人，后来又自己出来创业。2011年，他卖掉自己的创业公司，去中欧国际工商学院做了创业营教授，才算是实现了当老师的梦想。

当上老师后，李教授开始给企业家讲创新课，但讲了几年后发现，只用案例教学是无法解决所有企业家的问题的。为了解决这个困惑，他又前往斯坦福大学做了一年的访问学者，虽然困惑仍然没有解决,但他找到了另一个窗口,就是研究和寻找企业发展与衰退的规律,第二曲线理论便应运而生了。

后来,我在讲《创新者的窘境》这本书时,发现其中有个非常重要的原理,就是创新永远都发生在边缘地带,而不是核心地带。比如,颠覆汽车行业的不是传统的福特、丰田,而是特斯拉;改变苹果公司的也不是计算机,而是它的边缘产品手机。

为什么会这样呢?

原因很简单,创新需要有一个前提,就是资源不够,有条件约束。因为资源、条件等限制,你做不成一件事,但又不得不去做时,才会积极地去寻找创新的路线,光从那些所谓的成功案例和成功产品中寻找创新途径,是不可能真正实现创新的。

孟子曾说:"人之有德慧术知者,恒存乎疢疾。独孤臣孽子,其操心也危,其虑患也深,故达。"意思是说,一个人能够具备德行、智慧、谋略、见识,这些东西来自哪里呢?来自忧患意识,这与孟子说的"天将降大任于是人也,必先苦其心志,劳其筋骨,饿其体肤,空乏其身,行拂乱其所为,所以动心忍性,增益其所不能"是一样的道理。你走过很多弯路,犯过很多错误,经历过很多痛苦,然后才能从中发现事物的真相,进而发现规律、掌握规律、利用规律,获得"德慧术知"。

历史上的那些"孤臣孽子",通常都是被朝廷、家族边缘化的人,生存环境异常艰难,为了应对来自外界的危险和挑战,他们内心时刻都充满了忧患意识,必须锻炼与众不同的思维和异于常人的能力。但正因为如此,他们也更容易做出成就,创造历史。

达·芬奇是世界上最伟大的艺术家之一,被现代学者称为"文艺复兴时期最完美的代表",但他的身世至今都是个谜。有史料记载,达·芬奇的父亲是一名公证人,十分富有,如果他长大后接父亲的班,继承父亲的财产,也会成为一名富有的人。然而,达·芬奇的母亲是一名农妇,达·芬奇是他父母的私生子,他的身份在当时就相当于一个"孽子",是不被承认和重视的,因而他连真正意义上的姓都没有,更别说受到系统的教育了,能活下来就不错了。

但是,达·芬奇后来说,自己这辈子最幸运的事就是没有读过书,没有去学书本上的那套东西,而是保持着自由的天性,因而也成就了后来历史上绝无仅有的全才。

反观那些被皇帝、家族捧在手心的宠臣、骄子,比如和珅,还有我们曾学过的那篇《伤仲永》中的主角方仲永等,他们是没有精力去做那些能够在历史上留下盛名、了不起的大事的。和珅每天想的都是怎么让皇帝高兴,怎么能让自己多捞一些钱;方仲永因为一首诗成名后,每天被父亲带出去迎来送往,为有钱人写诗,哪里还会有精力去研究学术、诗文或做其他更有创造力、更有价值的事呢?

我们在平时做事也是一样,如果所做的事情都一帆风顺,我们的忧患意识就会丧失,也就不会再去考虑如何改革、如何创新等问题了。即使遇到点儿困难,也会利用现有资源很快搞定。但是,当我们真的遇到大难题,依靠现有资源搞不定时,再想去突破、去创新,可能已经错过了最佳时机。而那些发展比较好的人或企业,比如华为,就非常具有忧患意识。早在 2000 年时,华为总裁任正非就对员工发表了题为《华为的冬天》的讲话,目的就是希望华为员工增强忧患意识,不断提高创新能力。那一年,华为的销售额为 220 亿元,利润达到 29 亿元,位居全国电子产业百强之首。有人甚至认为任正非是在作秀,却完全不理解一个企业家在经营企业时的深谋远虑。

能够把握兴替之间的变革阶段,能够在最为繁盛的时候保持警惕,才是基业长青的秘诀所在。就像李善友教授在《第二曲线创新》中说的那样：当企业或个人的市场增长开始放缓的时候，就应该开始考虑进行第二曲线的布局了。

企业发展需要领导者具备忧患意识，时刻保持警惕，时刻迎接创新的到来，个人也同样如此。只有经历一些磨砺，才会不断突破自我，寻找到更好的成长和发展路径。

我曾经采访过邓晓芒教授，我问他："您研究康德、黑格尔的哲学这么厉害，您是什么时候对哲学产生兴趣的呢？"

他告诉我说："我是在上山下乡时开始接触哲学的，为什么会接触哲学呢？因为那时实在没什么书可读，只有一本恩格斯的《反杜林论》，每天从早到晚就只能翻阅这么一本小书。但是，我反复阅读之后，却发现越读越有意思，越读越喜欢，回城后，就专门朝着这个方向开始研究了。"

现在，邓晓芒教授早已成为国内数一数二的哲学家，出版了大量的哲学论著。

你看，安逸的生活、充足的资源，很难让一个人、一个企业真正实现突破。而不管是个人创作出伟大的作品，还是企业创造出伟大的成绩,往往又会集中在那些看似没什么大发展的"边缘地带"。当然,前提是你真的能够深谋远虑,时常处于忧患之中,由此才能产生源源不断的力量,发愤图强,就像孟子说的那样:"其操心也危,其虑患也深,故达。"

> 君子平其政，行辟人可也，焉得人人而济之？故为政者，每人而悦之，日亦不足矣。
>
> ——《孟子·离娄下》

优先处理重要而不紧急的事

子产是春秋时期有名的贤相，曾担任郑国的执政。在他担任执政期间，郑国气象一新，国泰民安，发展得很好，他本人也深受百姓爱戴。

郑国境内有两条河交汇，一条溱河，一条洧河，这两条河可能都不深，但水涨之后，老百姓仍然过不去。子产看见了，就让百姓坐在他的车子上，再把人一车一车地运过河去。

按说这是一件值得人们传颂的好事，可孟子却不这么认为。孟子觉得，子产虽"惠"，是个贤人，但河上没有桥是谁的责任？自然是子产的责任。他要做的，不是用自己的车去一车一车地渡人，而是直接在河上修一座桥，这才是他作为国家管理者应该做的事。相反，如果领导者个个都像子产这样去讨百姓欢心，让百姓高兴，帮百姓解决他们遇到的每一个小问题，那时间是根本不够用的，问题也是解决不完的。

所以孟子认为，子产的行为看起来很亲民、爱民，其实有作秀之嫌，不过做给别人看而已。真正明白事理的领导者，就不应该让无桥渡河这样的事情发生，而应该早早地把桥修好。

如果我们把这个问题延伸来思考，它所反映的恰恰是每个人如何做好自己本职工作的问题。现实中有很多人，在处理工作时习惯于事必躬亲，什么事都想自己上手，当然有时也并不像孟子说的那样，是在刻意作秀，只是因为不会统筹安排自己的时间而已，弄不清到底哪些是自己这个职位或这个身份应该做的更重要的事。

我之前读过史蒂芬·柯维的《与时间有约》这本书，它里面提出了时间四象限的观点，我十分认同。柯维认为，一个人在做事时，应该按事情的重要性和紧急程度划分为四个象限，第一象限为既重要又紧急的事，第二象限是重要而不紧急的事，第三象限是不重要但很紧急的事，第四象限是既不重要又不紧急的事。

大部分人在做事时，都习惯先做第一象限和第三象限的事，也就是很紧急的事，不论这些事是不是真重要。但实际上，我们应该先做那些重要而不紧急的事。从成果角度来说，这样的事才能为我们带来更多的外部成果，是最值得干的，而且能避免后期很多紧急情况的出现。

对于子产来说，修桥、铺路就是重要而不紧急的事。说它重要，是因为它可以解决老百姓渡河的问题；说它不紧急，是因为在河水没涨之前，有足够时间架桥。一旦河水涨起来，你就发现，不得了了，老百姓想过河过不去了，这时修桥就变成了一件既重要又紧急的事，处理起来必然会遇到更多的麻烦。

子产调动自己的车子帮百姓渡河，作为个体，他很有仁心，是个"好人"，但作为国家管理者，他的做法完全不值得提倡。就像孟子说的那样，你在十一月时修一座能让人走路的独木桥，十二月时把这座独木桥扩充成能走车的桥，也就是舆梁，问题就解决了，这不是比用自己的车子运百姓渡河更有效率吗？

这是孟子的为政观，也是现实生活中很多人在做事时应该借鉴的思想。现代管理学之父彼得·德鲁克就曾经说过，在管理者面前摆着许多需要做的事情，但管理者的时间有限，很多管理者习惯按压力的轻重来决定事情的优先级，就像救火队长一样，被事情追着跑，结果常常把自己搞得心力交瘁不说，还必然会牺牲许多要务。相反，如果能经常把那些重要而不紧急的事情提前做好，你会发现，你的工作中可以减少很多需要临时应对的紧急情况。

这又让我想起了淳于髡和孟子的那段对话，淳于髡认为，"今天下溺矣"，孟子应该伸手援助。但孟子觉得，天下陷入困境，要用"道"去救援，他不可能用"手"去解决天下的所有问题。这也是孟子一直以来的思想学说和政治主张，管理者不一定事事都赤膊上阵，天下事那么多，你干得过来吗？

所以，真正有智慧的人，懂得用更高效的办法去抓问题的主要矛盾，优先处理那些重要而不紧急的事，减少重要且紧急的事情发生。能够做到牵一发而动全身，才是君子平其政的方法，也是我们处理问题的最有效策略。

> 人性之善也，犹水之就下也。
>
> ——《孟子·告子上》

不要去对抗人性

自古以来，人们就习惯于对人性进行各种各样的假设。比如，孟子与告子就针对人性的问题展开过激励的讨论。告子认为，人性好比纯天然的红柳木，本身并没有什么用处，如果要将它们改造成为可以使用的杯子或者盘子，必须用斧子或刀子改变红柳木本身的模样才能实现。所以，告子的观点就是人性如果不通过外力去改变，是很难发挥作用的。告子还提出，人性就如同水一样，你在东面开一个缺口，水就会向东流，你在西边开一个缺口，水就会向西流。所以，想让人性发挥作用，就必须学会控制人性。

告子的观点听起来似乎很有道理，如今很多人也都秉持着这样的观点。他们认为，人的能力和个性都是后天培养出来的，就拿管教孩子来说，为了能让孩子成人、成才，家长就必须花费很多心思去帮助孩子建立规则、养成习惯，有时甚至要制定很多条条框框来约束孩子。如果不用这些规则来对孩子进行硬性要求，孩子自己是很难主动学习、进步的，自然也很难成才。

但是，家长发现，即便自己为孩子付出很多心血，也依然有管教不好的地方。这时，家长就要订立新的规则，甚至还要不断跟孩子强调某些规则的重要性。

一次在火车上，我听到一个像是妈妈的人给孩子打电话，意思是孩子在卫生习惯方面做得不太好，经常在家里把东西到处扔，把家里搞得乱七八糟，令她非常不满。当时这位妈妈说了一句话，我记得很清楚，她说：我没有给你定规矩，你就不知道怎么做事了吗？非要我一件事一件事地跟你讲清楚，你才能去做吗？孩子在电话里一声都不吭。

看似非常简单的事，却需要用规则去约束，好像人性不通过管理和约束去加以修正，就真的非常糟糕一样。这样看来，要约束和管理好人性还真是件任重而道远的事。

但是，孟子却对告子的观点提出了质疑。孟子对于人性的解读恰恰相反，他认为人性本善，如果要通过与人性做斗争才能够让人向善，那本身就是不善良的。对于告子将人性比喻成水，孟子也用一个非常精彩的比喻加以反驳。他对告子说："人性之善也，犹水之就下也。"人心向善，就如同水会遵照自然规律往下面流动一样，而不是像告子说的那样，叫它向东它就向东，叫它向西它就向西。比如说，你在河边略高处挖一条河道，水是不会顺着河道向上走的。所以孟子认为，每个人心中都有一杆秤，这杆秤就是让人心向善的根本。

孟子的这个观点后来又被王阳明所推崇，王阳明哲学理论中的"致良知"就是以孟子的这个观点为基础的。他还曾经举过一个例子，说如果一个盗贼当众被别人说成是贼时，他一样会生气。这说明，他也知道做贼是一件不好的事情。

在生活中，我们同样可以为孟子的观点找到一些佐证。比如，一个人经常把自己的房间搞得很乱，他可能就会被别人认为比较邋遢。但是你发现，当家中要来重要客人时，他也会非常勤奋地把原本乱七八糟的屋子收拾得干干净净。这种现象说明，在他的心中是知道什么是好、什么是坏的，只需要一个简单的理由，就能够激发他的善念。

我们不能否认，人性中确实有一些负面的东西，比如贪婪、懒惰、自私等等，但要因此就说人性一无是处也有些偏激。在生活中，我们不可避免地要与人交往或一起做事，这时，我们要做的是去了解人性，而不是对抗人性。如果不能善于发现人性的优点，一味地去抵御人性，是不能推动事情顺利发展的。相反，如果我们多去了解人性，多看到人性中好的方面，并充分利用人性中好的一面去做事，你会发现，要把事情做好也没那么难。教育学中有个方法叫作"循循善诱"，这个"诱"字就说明人本身有善欲，只要你学会加以诱导，就可以导出人性的亮点，使学生们能够主动地学习、进步，从而达到事半功倍的效果。我认为，这才是我们最应该学习的地方。